T0209866

essentials

essentials liefern aktuelles Wissen in konzentrierter Form. Die Essenz dessen, worauf es als „State-of-the-Art" in der gegenwärtigen Fachdiskussion oder in der Praxis ankommt. *essentials* informieren schnell, unkompliziert und verständlich

- als Einführung in ein aktuelles Thema aus Ihrem Fachgebiet
- als Einstieg in ein für Sie noch unbekanntes Themenfeld
- als Einblick, um zum Thema mitreden zu können

Die Bücher in elektronischer und gedruckter Form bringen das Fachwissen von Springer autorinnen kompakt zur Darstellung. Sie sind besonders für die Nutzung als eBook auf Tablet-PCs, eBook-Readern und Smartphones geeignet. *essentials* sind Wissensbausteine aus den Wirtschafts-, Sozial- und Geisteswissenschaften, aus Technik und Naturwissenschaften sowie aus Medizin, Psychologie und Gesundheitsberufen. Von renommierten Autorinnen aller Springer-Verlagsmarken.

Cathrin Hein · Wanja Wellbrock ·
Christoph Hein

Rechtliche Herausforderungen von Blockchain-Anwendungen

Straf-, Datenschutz- und Zivilrecht

2., aktualisierte und überarbeitete Auflage

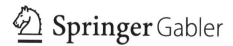

Springer Gabler

Cathrin Hein
Obertshausen, Deutschland

Christoph Hein
Rodgau, Deutschland

Wanja Wellbrock
Hochschule Heilbronn
Heilbronn, Deutschland

ISSN 2197-6708　　　　　ISSN 2197-6716　(electronic)
essentials
ISBN 978-3-658-41079-7　　　ISBN 978-3-658-41080-3　(eBook)
https://doi.org/10.1007/978-3-658-41080-3

Die Deutsche Nationalbibliothek verzeichnet diese Publikation in der Deutschen Nationalbibliografie; detaillierte bibliografische Daten sind im Internet über http://dnb.d-nb.de abrufbar.

Planung/Lektorat: Susanne Kramer
Springer Gabler ist ein Imprint der eingetragenen Gesellschaft Springer Fachmedien Wiesbaden GmbH und ist ein Teil von Springer Nature.
Die Anschrift der Gesellschaft ist: Abraham-Lincoln-Str. 46, 65189 Wiesbaden, Germany

Was Sie in diesem *essential* finden können

- Überblick über die rechtlichen Herausforderungen Blockchain-basierter Applikationen
- Hilfestellung zu datenschutzrechtlichen Fragen im Bereich Blockchain
- Verständliche Erläuterung der zugrunde liegenden Technologien für Nicht-Techniker
- Analyse konkreter Potenziale und Risiken Blockchain-basierter Lösungen
- Konkrete Anwendungsfälle in der Unternehmenspraxis

Vorwort zur 2. Auflage

Vier Jahre sind seit der letzten Auflage vergangen und die Blockchain-Technologie ist immer noch nicht dort angekommen, wo sie einige Visionäre gesehen haben. Aufgrund der aktuellen globalpolitischen Lage liegen viele Blockchain-Projekte auf Eis oder wurden eingestellt. Den größten Effekt hatte im Jahr 2022 sicherlich die Insolvenz von FTX, welche neben den finanziellen Auswirkungen vor allem der Reputation der Technologie geschadet hat (Stewart, 2022).

Nichtsdestotrotz sehen Analysten weiterhin ein großes Potenzial für die Blockchain. Einige Änderungen der rechtlichen Rahmbedingungen könnte man als Fortschritt interpretieren (Rinecker, 2022). Deutschland ist eines der am stärksten wachsenden Länder in der Europäischen Union in Bezug auf Blockchain (Finyear, 2022). Im Blockchain-Report von CV VC wird Deutschland sogar als ein positives Beispiel für die Unterstützung der Blockchain-Technologie durch regulatorische Maßnahmen hervorgehoben (CV VC, 2022). Grund genug also, sich die neuen Entwicklungen hinsichtlich der straf-, datenschutz- und zivilrechtlichen Hürden anzusehen und zu prüfen, ob einige der Unsicherheiten bei Erscheinen der Erstauflage inzwischen durch Rechtsprechung oder Gesetzgebung geklärt werden konnten.

Leider zeigt sich, dass es bei der Rechtsprechung keine signifikanten Fortschritte gegeben hat und die hier aufgezeigten Herausforderungen und möglichen Lösungen weiterhin Bestand haben. Das Kapitel über die Funktionsweise der

Blockchain hat ebenfalls weiterhin Bestand, da das technologische Grundkonzept in den letzten Jahren nicht weiterentwickelt wurde.

Frankfurt am Main   Cathrin Hein
im Dezember 2022   Wanja Wellbrock
                                                                       Christoph Hein

Vorwort zur 1. Auflage

Die Einsatzmöglichkeiten der Blockchain-Technologie sind vielzählig und branchenübergreifend. Die aktuelle Diskussion über diese vielmals als revolutionär bezeichnete Innovation kann mit folgendem Satz beschrieben werden: „Vertrauen ist gut, Blockchain ist besser." Als unbestechliche Konstante digitaler (Wert-) Transaktion verspricht sie nicht weniger als eine Überwindung von Korruption und Datenkriminalität und möglichst effiziente Transaktionsprozesse, indem im Rahmen einer dezentralen Struktur Zentralinstanzen und sämtliche Intermediäre ausgeklammert werden können. Die wohl bekannteste Blockchain-Anwendung ist das digitale Zahlungssystem Bitcoin, doch die Anwendungsbereiche der Technologie sind vielfältig: Mobilität, Energie, Identitätswesen – Anwendungen sind in nahezu allen auf vertragliche Regelungen angewiesenen Bereichen denkbar. Mit anderen Worten: Das mit Blockchain verbundene Potenzial ist enorm.

Das Anliegen dieses Buches ist es, basierend auf einem grundlegenden Einstieg in die Technologie der Blockchain, mögliche Potenziale und Risiken herauszuarbeiten, bevor im Hauptteil detailliert auf die rechtlichen Herausforderungen bzgl. dieser innovativen Technologie eingegangen wird. Als branchenrevolutionierende Technologie stellt die Blockchain auch das Recht vor besondere Herausforderungen. Vor allem die Pseudonymität der Blockchain-Teilnehmer und die Unveränderbarkeit von in der Blockchain gespeicherten Daten scheinen im Konflikt mit wesentlichen Grundgedanken des Datenschutzrechts zu stehen. Aber auch die Frage nach der national anzuwendenden Rechtsordnung, der gerichtlichen Zuständigkeit und der Beweiskraft von Blockchain-Transaktionen werfen spannende Fragen auf. Hinzu kommt, dass aufgrund der branchenübergreifenden Anwendungsszenarien der Blockchain auch etliche sektorspezifische Regulierungskonzepte betroffen sind, unter anderem in der Finanzwirtschaft, aber

auch im Energiesektor. Im Mittelpunkt der Analyse stehen daher sowohl straf-
rechtliche als auch zivilrechtliche Aspekte der Blockchain-Technologie. Ergänzt
werden die rechtlichen Herausforderungen durch eine Betrachtung des Ein-
flusses der 2018 eingeführten Datenschutz-Grundverordnung. Die Zukunft der
Blockchain-Technologie wird vielfach von den rechtlichen Rahmenbedingungen
abhängig sein. Die Frage ist dabei, ob sich das nationale und internationale Recht
an die Blockchain anpassen wird, oder sich die Blockchain in das gegebene
Rechtssystem integrieren lässt.

Wir wünschen Ihnen eine spannende und impulsgebende Lektüre und viele
Anregungen für die direkte Umsetzung in der Unternehmenspraxis!

Frankfurt am Main   Cathrin Hein
im Oktober 2018   Wanja Wellbrock
                                                          Christoph Hein

Inhaltsverzeichnis

Einleitung 1

Als „biggest opportunity set we can think of over the next decade" beschreibt Bob Greifeld, CEO von Nasdaq, Inc. die Blockchain- Technologie (Jaiswal, 2018). Auch Ginni Rometty, CEO von IBM, ist der Überzeugung: „What the internet did for communications, blockchain will do for trusted transactions" (Rapier, 2017). Darüber hinaus dominieren in den Medien Schlagzeilen, die die Blockchain als „A legal tech trend for business lawyers" (Milnes, 2015), „Game Changer in der Logistik" (Streichert, 2018a) oder als „eine Technologie, die unser ganzes Denken revolutioniert" (Matuschek, 2017) anpreisen, mit der „fast alles digital verwaltet werden kann" (Handelsblatt, 2018). Die Blockchain soll für den Transfer digitaler Güter die gleiche Bedeutung erlangen, wie das Internet für den digitalen Informationsaustausch (Bechtolf, 2018). Aber was hat es mit dieser „angeblich" revolutionären Technologie auf sich?

Blockchain stellt, ähnlich dem World Wide Web, eine Art technologische Basis dar, auf deren Grundlage neue Plattformen und Geschäftsmodelle geschaffen werden können (Breidenbach/Glatz, 2018). So bietet IBM Lösungen auf Basis der Blockchain-Applikationen an, mit deren Hilfe innerhalb einer Lieferkette jederzeit der Produktstatus eines einzelnen Produkts in Echtzeit eingesehen und dadurch ein vollkommen transparenter Prozess gestaltet werden kann. Der Dienstleister Accenture verwendet Blockchain beispielsweise in Projekten der Versicherungsbranche (Marr, 2018). Der bekannteste Anwendungsfall der Blockchain-Technologie ist jedoch die Kryptowährung Bitcoin.

Im Jahr 2008 veröffentlichte eine unbekannte Person oder Gruppe unter dem Pseudonym „Satoshi Nakamoto" das Bitcoin-Whitepaper „Bitcoin: A peer-to-peer electronic cash system" (Nakamoto, 2008), eine Bauanleitung für eine digitale Währung (Breidenbach/Glatz, 2018). Dieser Text bildet die Grundlage für die Blockchain-Technologie, welche hinter dem Bitcoin-System steckt. Dies wird oft als die Reaktion der digitalen Gemeinschaft auf die weltweite Finanzkrise

© Springer Fachmedien Wiesbaden GmbH, ein Teil von Springer Nature 2023
C. Hein et al., *Rechtliche Herausforderungen von Blockchain-Anwendungen*,
essentials, https://doi.org/10.1007/978-3-658-41080-3_1

gesehen, in deren Folge vor allem Banken massiv an Vertrauen eingebüßt hatten (Siedenbiedel, 2014). Digitale Währungen auf Basis der Blockchain-Technologie kommen daher auch ohne entsprechende Intermediäre bei den Transaktionen aus. Laut der Definition des Whitepapers ist Blockchain als eine dezentrale Datenbank zu verstehen. Sie besteht aus einer stetig größer werdenden Liste von Datensätzen, die, verteilt auf unterschiedlichen Computern, gesichert werden. Dabei werden die einzelnen Datensätze in Blöcken zusammengefasst und diesen wird jeweils die Prüfsumme des Vorgängerblocks mitgegeben. Diese Technik wird auch als „Distributed Ledger Technology" bezeichnet (Djazayeri, 2016).

Es stellt sich hierbei die Frage, ob das deutsche Rechtssystem grundsätzlich in der Lage ist, die Herausforderungen, die diese dezentrale Technologie mit sich bringt, zu bewältigen. Bisher gibt es hierzulande noch keine konkreten rechtlichen Regelungen in puncto Blockchain. Andere Länder sind hier weiter. In Thailand trat am 13. Mai 2018 ein Gesetz für den Umgang mit Kryptowährungen in Kraft (Maas, 2018). Liechtenstein arbeitet an einem Gesetzesentwurf zu Blockchain (Vaterland, 2018), welcher sichere Rahmenbedingungen für die Nutzung von darauf basierenden Anwendungen schaffen soll (Quaderer, 2018). Der US-Bundesstaat Michigan hat einen Gesetzesentwurf vorgestellt, nachdem es strafbar ist, Datensätze, die unter der Verwendung von Distributed-Ledger-Technologie gespeichert wurden, zu ändern (Giese, 2018).

Der US-Bundesstaat Tennessee definiert Blockchain-Technologie gesetzlich wie folgt: „Blockchain technology means distributed ledger technology that uses a distributed, decentralized, shared, and replicated ledger, which may be public or private, permissioned or permissionless, or driven by tokenized crypto economics or tokenless. The data on the ledger is protected with cryptography, is immutable and auditable, and provides an uncensored truth" (Tennessee Generalversammlung, 2018). Sie ist demnach eine dezentrale Datenbank, deren Inhalte kryptographisch verschlüsselt sind und in der alle Änderungen fortlaufend protokolliert werden. So kann der aktuelle Stand der Datenbank stets transparent nachvollzogen werden.

Eine Studie der Rheinisch-Westfälisch Technischen Hochschule Aachen und der Goethe-Universität Frankfurt wirft darüber hinaus die Frage auf, ob Nutzer eines Blockchain-Netzwerks für rechtswidrige Inhalte verantwortlich gemacht werden können. Im Rahmen der Studie wurden die nicht finanziellen Inhalte der Bitcoin-Blockchain analysiert und dabei u. a. Links zu Kinderpornographie entdeckt. Jeder Nutzer der Bitcoin-Blockchain hat in der Regel eine Kopie sämtlicher Datensätze auf dem genutzten Computer und könnte sich dadurch strafbar machen (Wieduwilt, 2018).

Es ist unstreitig zu erkennen, dass insbesondere rechtliche Aspekte in der Zukunft eine große Rolle im Umfeld Blockchain-basierter Applikationen spielen werden. Für eine Auseinandersetzung mit den rechtlichen Herausforderungen für Privatpersonen und Unternehmen ist es daher unvermeidbar, sich ein grundlegendes Verständnis der zugrundeliegenden Technologie anzueignen. Damit diese verstanden werden kann, wird im ersten Teil des Buches die konkrete Funktionsweise der Blockchain-Technologie leicht verständlich erklärt. Ferner werden die damit verbundenen Kosten und Nutzen dargestellt, während sich der Hauptteil den rechtlichen Herausforderungen widmet. Diese werden im Hinblick auf das Straf-, Datenschutz- sowie Zivilrecht untersucht. Es wird eine Strafbarkeit der Nutzer für rechtswidrige Transaktionsinhalte eines Blockchain-Netzwerks am Beispiel des Besitzes von Kinderpornographie erörtert, ebenso wie eine mögliche Mittäterschaft. Darüber hinaus wird untersucht, ob innerhalb einer Blockchain die Regelungen des Datenschutzes Anwendung finden können und, ob zivilrechtliche Aspekte mit der Unveränderlichkeit innerhalb eines Blockchain-Netzwerks zu vereinen sind. Abschließend werden mögliche Lösungsansätze für diese rechtlichen Hürden aufgezeigt.

Blockchain-Technologie 2

2.1 Ursprung

Ursprünglich war die Blockchain-Technologie auf den Betrieb des Bitcoin-Protokolls ausgelegt. Dabei handelt es sich um ein dezentral ausgerichtetes Netzwerk, dessen Mitglieder anonym bleiben. Innerhalb des Netzwerks werden Wertmarken generiert, deren Menge künstlich beschränkt ist. Diese Wertmarken, auch Bitcoin genannt, können unwiderlegbar und eindeutig ihren Besitzern zugeordnet werden und nur diese können darüber verfügen (Breidenbach/Glatz, 2018).

In vorherigen Versuchen, eine digitale Währung zu entwickeln, war stets eine zentrale Stelle notwendig, um Transaktionen zu kontrollieren. Die Kontrolle sollte das sogenannte „Double Spending" verhindern (Glatz et al., 2016). „Double Spending" tritt dann auf, wenn digitale Informationen nicht rivalisierend sind. Dass bedeutet, sie können zur selben Zeit von unterschiedlichen Nutzern verwendet werden, ohne dass sich die Nutzungsmöglichkeiten einer Einzelperson einschränken (Breidenbach/Glatz, 2018). Um dem entgegen zu wirken muss ausgeschlossen werden, dass über den Inhalt einer Transaktion, z. B. Übertragung von Kryptowährung in einer bestimmten Höhe, bereits zu einem früheren Zeitpunkt verfügt wurde. Die Blockchain-Technologie ermöglicht dies, indem sämtliche Transaktionsdaten gespeichert und neue Transaktionen stets mit der bestehenden Transaktionshistorie abgeglichen werden. So wird geprüft, ob ein Wert bereits vorher ausgegeben wurde (Schrey/Thalhofer, 2017).

© Springer Fachmedien Wiesbaden GmbH, ein Teil von Springer Nature 2023
C. Hein et al., *Rechtliche Herausforderungen von Blockchain-Anwendungen*,
essentials, https://doi.org/10.1007/978-3-658-41080-3_2

2.2   Dezentralität

Ein besonderes Merkmal der Blockchain-Technologie ist der dezentrale Aufbau des Netzwerks. Abb. 2.1 zeigt den Unterschied zwischen einem zentralisierten und einem dezentralisierten Netzwerkaufbau.

Bei einem zentralisierten Netzwerk werden Transaktionen zwischen den Netzwerkteilnehmern stets mithilfe einer zentralen Instanz (Knotenpunkt) getätigt. Dieser Intermediär kann alle Bewegungen innerhalb des Netzwerks kontrollieren. Die einzelnen Mitglieder kommunizieren über diese zentrale Stelle miteinander und nicht direkt untereinander (Breidenbach/Glatz, 2018).

Ein dezentraler Aufbau verzichtet auf eine derartige Instanz, sodass eine direkte Kommunikation untereinander möglich ist. Ein solches Netzwerk ist nicht von außen zu kontrollieren. Die Nutzer des Netzwerks können weltweit verteilt sein, verfügen aber dennoch über einen einheitlichen, synchronisierten Datenbestand. Der gebräuchlichste Begriff hierfür ist das „Peer-to-Peer-Netzwerk" (Breidenbach/Glatz, 2018).

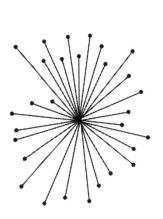
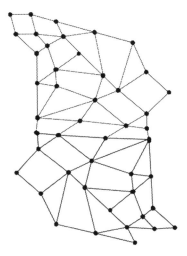

Abb. 2.1   Zentraler vs. dezentraler Netzwerkaufbau (Breidenbach/Glatz, 2018)

2.3 Funktionsweise

Transaktionsinhalte

Ein Blockchain-Netzwerk besteht zunächst aus Nutzern, auch „Knoten" (engl. „Nodes") genannt, die miteinander interagieren. Ferner sind sämtliche Transaktionen öffentlich nachvollziehbar. In einem solchen System geht es nicht zwangsläufig um die Übertragung von Werten als Kryptowährung. Es kann auch der Besitz an einem Mietobjekt in Form eines entsprechenden Mietvertrages darüber dargestellt werden. Gemeinhin spricht man auch von „Internet of Value", also dem Internet der Werte, in dem nahezu jeder Wert abgebildet und übertragen werden kann (Gayvoronskaya et al., 2018).

Initial muss hierfür festgelegt werden, welche Vermögenswerte in dem Blockchain-Netzwerk verfügbar sein sollen und wem diese gehören. Dafür wird ein sogenanntes „Asset-Register" erstellt, in welchem die unterschiedlichen digitalen Wertgegenstände aufgelistet und ihren entsprechenden Eigentümern zugewiesen werden. Assets werden auch als Token bezeichnet und können für jeden beliebigen Wert stehen (Breidenbach/Glatz, 2018).

Dieser Token repräsentiert anschließend körperliche oder rechtliche Vermögensgüter, wie beispielsweise Gold, ein Fahrzeug, Aktien, Urheberrechte oder auch digitale Güter, wie Software. Dadurch besteht die Möglichkeit, Eigentum an virtuellen Gütern erstmals eindeutig dem Eigentümer zuzuordnen, ohne zu befürchten, dass es an anderer Stelle genutzt oder verbraucht wird („Double Spending") (Breidenbach/Glatz, 2018).

Teilnehmer

Es gibt keine zentrale Stelle, welche die Teilnehmer authentifiziert, weshalb alle Nutzer über die gleiche Legitimation verfügen. Die Nodes eines Blockchain-Netzwerkes speichern und verwalten grundsätzlich die gesamte Transaktionshistorie einer Blockchain in unveränderlicher Form. Mit der Zeit nimmt diese Transaktionshistorie jedoch eine enorme Menge an Speicherkapazität ein. Das Bitcoin- Netzwerk umfasste im Dezember 2017 beispielsweise bereits 147 GB. Aus diesem Grund kann mittlerweile eine Unterteilung der Nutzer in sogenannte „Lightweight Nodes" und „Full Nodes" erfolgen. Erstere speichern nicht das gesamte Datenvolumen der Blockchain, sondern lediglich den für sie relevanten Teil. Full Nodes speichern dagegen den gesamten Datenbestand der Blockchain (Gayvoronskaya et al., 2018).

Nutzer-Adressen
Möchte man am Bitcoin-Netzwerk teilnehmen, wählt man zunächst ein sogenanntes „Wallet", eine Art virtuelle Geldbörse, aus. Für das Bitcoin-System gibt es
zu diesem Zweck diverse Anwendungen. Das Wallet stellt keine Geldbörse im
eigentlichen Sinne dar, sondern dient der Verwaltung des Blockchain-Kontos. Jeder
Teilnehmer verfügt über eine pseudonymisierte Adresse, vergleichbar mit einer E-
Mail-Adresse, welche für das Senden und Empfangen von Transaktionen verwendet
wird. Um die Sicherheit des Netzwerks zu gewährleisten, wird für die Verschlüsse-
lung der Transaktionen ein „Public-Key-Verfahren" angewendet (Gayvoronskaya
et al., 2018).

Public-Key-Verfahren
Die Grundlage für dieses Verfahren bildet ein zu jeder Adresse gehörendes
Schlüsselpaar, bestehend aus einem öffentlichen (engl. „public key") und einem
privaten Schlüssel (engl. „private key"), welche kryptografisch übereinstimmen.
Sie gewährleisten, dass nur berechtigte Teilnehmer Transaktionen vornehmen kön-
nen (Burgwinkel, 2016). Dabei dient der private Schlüssel als digitale Signatur
und der öffentliche Schlüssel der Überprüfung dieser Signatur durch andere Nutzer
(Schrey/Thalhofer, 2017). Ohne privaten Schlüssel können keine Transaktionen im
Namen des entsprechenden Nutzers erzeugt werden.

Für den Teilnehmer eines Blockchain-Netzwerks wird der private Schlüssel in
Form einer „Zufallszahl" generiert und daraus der öffentliche Schlüssel abgeleitet.
Die Adresse des Nutzers wird aus dem öffentlichen Schlüssel als alphanumerischer
Wert generiert. Man nennt dies auch „Pay To Public Key Hash". Der öffentliche
Schlüssel eines Nutzers ist für die anderen Netzwerkteilnehmer jederzeit erkennbar,
demgegenüber ist der private Schlüssel geheim und wird für die Entschlüsselung
und Signatur der Transaktionen verwendet. Möchten zwei Nutzer nun innerhalb
des Blockchain-Netzwerks eine Transaktion ausführen, so verschlüsselt der Sender
diese mit dem öffentlichen Schlüssel des Empfängers. Eine Entschlüsselung, also
das erneute lesbar machen, ist nur möglich, indem der Empfänger die Transaktion
mit seinem privaten Schlüssel entschlüsselt. Um nachzuweisen, dass die Transaktion auch tatsächlich vom Sender und nicht von einem unbefugten Dritten stammt,
signiert der Sender sie mit seinem privaten Schlüssel. Der Empfänger kann nun mithilfe des öffentlichen Schlüssels des Senders sicherstellen, dass die Transaktion auch
tatsächlich vom Sender stammt (Gayvoronskaya et al., 2018). Um die Sicherheit bei
einzelnen Transaktionen zu erhöhen, sodass beispielsweise mithilfe des Schlüssels
keine Rückschlüsse auf andere Transaktionen eines Teilnehmers gezogen werden
können, besteht die Möglichkeit, dass Netzwerkteilnehmer für jede Transaktion ein
neues Schlüsselpaar verwenden (Nakamoto, 2008).

Transaktionen

Transaktionen in einem Blockchain Netzwerk stellen den Austausch zwischen abstrakten Werten und konkreten Wirtschaftsobjekten jeder Art, wie z. B. Geld, rechtliche Forderungen sowie physische oder immaterielle Güter, dar (Breidenbach/Glatz, 2018). Eine Transaktion enthält alle erforderlichen Informationen, die die beabsichtigte Übertragung beschreiben (Drescher, 2017) und besteht aus mehreren Inputs und Outputs (Nakamoto, 2008).

Am Beispiel der Bitcoin-Blockchain enthalten die Transaktionen zunächst Informationen über die Herkunft und den Empfänger der Bitcoins. Diese Informationen werden durch den Hashwert der früheren „Überweisung" als Input und der jeweiligen Anzahl an Bitcoins an eine Empfänger-Adresse als Output angegeben. Der Absender signiert diese entsprechend mit seinem privaten Schlüssel. Die Besonderheit bei einer Bitcoin-Transaktion liegt darin, dass keine Bitcoins auf der Adresse übrigbleiben dürfen. Hat man demnach zehn Bitcoins und möchte nun fünf davon an einen anderen Nutzer überweisen, ist es notwendig, sich die fünf übrigen Bitcoins selbst zu überweisen. Andernfalls würde die Differenz als Transaktionsgebühr für den Nutzer verloren gehen (Gayvoronskaya et al., 2018). Ist der Datensatz für eine Transaktion vollständig, wird diese an die übrigen Teilnehmer des Netzwerks gesendet und zunächst in einer Art „Pool" zwischengespeichert, bis sie in einen Block aufgenommen wird (Groß, 2018).

Blöcke

Die Blöcke (engl. „Blocks") beinhalten sämtliche Transaktionen innerhalb eines Blockchain-Netzwerks. Deren Größe ist meist im Voraus festgelegt. Bei der Bitcoin-Blockchain beträgt die Größenvorgabe für einen Block 1 MB. Das entspricht einem Umfang von ca. 900–2500 Transaktionen (Gayvoronskaya et al., 2018).

Es können demnach nicht unendlich viele Transaktionen in einen Block geschrieben werden. Bei Erreichung der Größenvorgabe muss dieser geschlossen werden. Transaktionen werden zunächst verifiziert und anschließend chronologisch und unveränderbar im Block gespeichert. Transaktionen, die nicht bestätigt wurden, bleiben in dem Pool und werden zu einem späteren Block hinzugefügt (Schrey/Thalhofer, 2017).

Ferner wird überprüft, ob die Transaktion nicht bereits ausgeführt wurde, also z. B. die Bitcoins schon ausgegeben wurden (Pongratz/Schlund, 2018). Die Transaktionen werden in chronologischer Reihenfolge im Block gespeichert, wodurch eine unveränderbare Transaktionskette entsteht, die weder das Löschen noch das doppelte Ausführen einer Transaktion zulässt (Breidenbach/Glatz, 2018).

Mining

Die Blöcke werden von sogenannten Minern geschlossen, welche dem Netzwerk Rechenleistung zur Verfügung stellen und die Transaktionen zusammenzufassen (Breidenbach/Glatz, 2018). Hat ein Block die vorgegebene Größe erreicht, muss zunächst eine mathematisch generierte Identifikationszahl durch die Miner gefunden werden (Groß, 2018).

Es handelt sich dabei um eine Buchstaben-Zahlenfolge, die einem „digitalen und einmaligen Fingerabdruck" ähnelt und auch als Hash bezeichnet wird. Das Generieren eines solchen Hashs für einen Block wird als Mining bezeichnet (Schrey/Thalhofer, 2017). Für ihre Aufgabe benötigen die Miner viel Rechenkapazität, beispielsweise mithilfe leistungsstarker Grafikkarten (Gayvoronskaya et al., 2018). Der Schwierigkeitsgrad des Hashwertes wird vom Netzwerk vorgegeben und stetig angepasst, sodass jede Berechnung in etwa die gleiche Zeit in Anspruch nimmt. Im Bitcoin-System dauert dies ungefähr zehn Minuten (Breidenbach/Glatz, 2018). Demnach wird etwa alle zehn Minuten ein neuer Block im Bitcoin-System erzeugt.

Der Schwierigkeitsgrad wird dabei durch die Vorgabe von führenden Nullen, sog. Nonce, ausgedrückt, die der Hashwert mindestens beinhalten muss. Umso mehr Nonce zur Berechnung des Hashwertes erforderlich sind, desto komplizierter und zeitaufwendiger wird die Ermittlung (Drescher, 2017).

Abb. 2.2 zeigt das grundlegende Prinzip hinter der Blockchain-Technologie und, wie die einzelnen Blöcke verkettet werden.

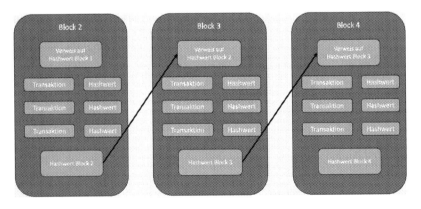

Abb. 2.2 Prinzip der Blockchain-Technologie (Burgwinkel, 2016)

Bevor es also möglich ist, einen neuen Block zu eröffnen, muss der Hashwert ermittelt werden, wobei es sich um eine sogenannte „Einwegfunktion" handelt. Er ist nicht zurückzuentschlüsseln und dient der Verknüpfung des fortlaufenden Transaktionsprotokolls (Breidenbach/Glatz, 2018). Ist der Hashwert für einen Block gefunden und ein Block geschlossen, wird der Hashwert dieses Blocks in den neuen Block aufgenommen, um ihn dadurch mit seinem Vorgängerblock zu verknüpfen. Diese Vorgehensweise ermöglicht, dass die Transaktionen nachträglich nicht mehr verändert werden können, da jegliche Abweichung des generierten Hashwertes unmittelbar auffallen würde. Dieser Prozess stellt die Datenintegrität in der Blockchain sicher (Burgwinkel, 2016). Die Mitteilung des vom Miner generierten Hashwertes an das Netzwerk wird auch „Proof-of-Work" genannt (Sixt, 2017).

In der Regel suchen mehrere Miner zur selben Zeit einen Hashwert für den jeweiligen Block. Es kann daher vorkommen, dass zur selben Zeit mehrere Miner einen den Netzwerkvorgaben entsprechenden Wert finden und einen neuen Block generieren. Grundsätzlich wird aber der Hashwert von allen Nodes als valide akzeptiert, für dessen Berechnung am meisten Rechenleistung aufgewendet wurde. Kurzzeitig existieren dann mehrere Blöcke innerhalb des Netzwerks. Folgen nun nicht alle Teilnehmer dem Block für den die meiste Rechenkapazität benötigt wurde, entsteht eine „Gabelung" (engl. „Fork") (Gayvoronskaya et al., 2018).

Diese kann zur Folge haben, dass sich ein Teil des Netzwerks abspaltet, d. h. die längere Kette fortschreibt und die übrigen Nutzer an der kürzeren Kette weiterarbeiten. Daneben können auch Unstimmigkeiten über den Schwierigkeitsgrad der Hashwerte eine Fork auslösen. In einem solchen Fall kann es zu einer vollständigen Abspaltung von der ursprünglichen Blockchain kommen und als Konsequenz existieren dann zwei Netzwerke, die bis zur Fork eine identische Historie haben. Ein bekanntes Beispiel für eine solche Fork ist die Abspaltung „Bitcoin Cash" aus dem Bitcoin-System. Die Netzwerkteilnehmer waren sich in diesen Fall uneins über die Größenvorgabe von 1 MB pro Block innerhalb des Bitcoin-Systems und es kam zu einer Fork. Kommt es nicht zu einer solchen Abspaltung vom Ursprungsnetzwerk verwerfen die Nutzer i. d. R. die begonnene kürzere Kette und arbeiten weiter an der längeren Kette (Rueß, 2018).

Die Netzwerkteilnehmer sind oft weltweit verteilt, was Unterschiede in der Übertragungsgeschwindigkeit der Daten mit sich bringt. Dadurch kann es zu Ungleichgewichten im Datenbestand kommen und es ist nicht immer gewährleistet, dass alle Daten zeitgleich bei allen Teilnehmern aktualisiert werden. Um dem entgegenzuwirken, sollte ebenfalls nur die längste Kette an Blöcken als valide akzeptiert werden (Bechtolf, 2018).

Motivation

Miner stellen dem Netzwerk ihre Rechenleistung zur Verfügung und investieren Zeit und Arbeit in das Mining. Am Beispiel der Bitcoin-Blockchain lässt sich die Motivation der Miner veranschaulichen.

Zum einen werden im Bitcoin-System Transaktionsgebühren erhoben. Wird der Hashwert eines Miners vom Netzwerk als valide akzeptiert und die Kette mit dessen neuem Block fortgeführt, so erhält er sämtliche Transaktionsgebühren für die im Block enthaltenen Transaktionen. Die Nutzer können freiwillig und nach eigenem Ermessen bei jeder Transaktion eine Transaktionsgebühr angeben. Die Miner nehmen daher schneller Transaktionen aus dem „Pool" in einen Block auf, wenn sie hohe Transaktionsgebühren ausweisen. Zum anderen wird in jedem neuen Block der Bitcoin Blockchain eine neue Menge an Bitcoins generiert, welche der Miner als Entschädigung für seinen Arbeitseinsatz erhält. Diese finanziellen Anreize sollen dazu dienen, die Miner zum „Mining" zu animieren und so stets die Sicherheit des Netzwerks aufrechtzuerhalten (Gayvoronskaya et al., 2018).

Varianten

Es gibt verschiedene Varianten, wie ein Blockchain-Netzwerk aufgebaut werden kann, z. B. privat oder öffentlich. Ein privates Netzwerk besteht aus einem geschlossenen Teilnehmerkreis. Somit ist der Beitritt nicht ohne weiteres möglich (Morabito, 2017). Darüber hinaus sind die Zugriffsrechte meist beschränkt, worin der eigentliche Unterschied zu einem öffentlichen Blockchain-Netzwerk liegt. Ein Beispiel für eine solche Netzwerkform bietet die Blockchain-Plattform Hyperledger (Frauenhofer-Gesellschaft, 2017). Bei Hyperledger handelt es sich um eine Initiative, die verschiedene Blockchain-Anwendungen für Unternehmen entwickelt (Linux Foundation, 2018).

Bei einem öffentlichen Blockchain-Netzwerk ist der Zugang i. d. R. für jeden möglich und man kann durch Herunterladen der Datensätze oder die Nutzung eines entsprechenden Wallets problemlos zum Nutzer werden (Burgwinkel, 2016). Die Teilnehmer kennen sich untereinander nicht persönlich, können jedoch sämtliche Transaktionsdaten im Netzwerk einsehen und selbst Transaktionen vornehmen, ohne dass es einer gesonderten Erlaubnis bedarf (Morabito, 2017).

Praktische Beispiele für ein solches Blockchain-Netzwerk sind Ethereum oder Bitcoin (Frauenhofer-Gesellschaft, 2017). Etherum bietet, ähnlich wie Bitcoin, eine Kryptowährung namens „Ether" an. Es handelt sich jedoch im Gegensatz zum Bitcoin-System, welches einzig dem Austausch der Kryptowährung dient, um eine Smart-Contract-Plattform. Darauf findet sich eine Vielzahl verschiedener Blockchain- Anwendungen, die nicht nur auf die Kryptowährung begrenzt sind, da die Nutzer ihre eigenen Funktionen implementieren können (Wood, 2014).

Kosten

Die Blockchain-Technologie setzt eine hohe Bandbreite voraus, da der Datentransfer proportional zur Anzahl der Transaktionen und der Teilnehmerzahl ansteigt. Das beeinflusst auch die Geschwindigkeit, mit der die Prozesse ausgeführt werden, da die Transaktionshistorie stetig auf alle Full Nodes synchronisiert wird. Darüber hinaus benötigen die Miner für das Mining eine enorme Rechenkapazität. Aus diesem Grund müssen ihnen auch besondere Anreize geboten werden, damit sie dem Netzwerk ihre Rechenleistung zur Verfügung stellen. Bisher gibt es keine praktischen Alternativen zum Anreizsystem der Bitcoin-Blockchain. Entsprechend müssten für andere Anwendungsszenarien neue Motivationsmechanismen entwickelt werden (Breidenbach/Glatz, 2018).

Daneben steht auch der enorme Stromverbrauch der Technologie in der Kritik. Trotz der hohen Manipulationssicherheit besteht zudem ein Restrisiko des Hackings. Feindlich gesinnte Nutzer können das Netzwerk manipulieren, sofern sie mehr als die Hälfte der Rechenleistung, also mind. 51 %, besitzen (Streichert, 2018b). Da stets die Kette akzeptiert wird, für die am meisten Rechenleistung aufgewandt wurde, besteht die Möglichkeit, dass animose Miner, die die Mehrheit der Rechenkapazität besitzen, Blöcke abändern und eine falsche Kopie der Blockchain in das Netzwerk einspeisen (Breidenbach/Glatz, 2018). Allerdings müssen Miner abwägen, ob es für sie überhaupt lohnend ist, die Blockchain zu manipulieren oder es nicht lukrativer wäre, die aufgewandte Rechenleistung für das Mining einzusetzen und so die Bitcoins und Transaktionsgebühren für neue Blöcke zu erhalten (Nakamoto, 2008).

Nutzen

Trotz des geringen Restrisikos des Hackings gewährleistet die Blockchain-Technologie einen hohen Sicherheitsstandard, da die Daten dezentral verteilt, für alle Nutzer zugänglich und verschlüsselt sind (Breidenbach/Glatz, 2018). Sie bietet ein hohes Maß an Ausfallsicherheit, da die Daten redundant auf sämtlichen Full Nodes gespeichert werden. Durch den Verzicht auf Intermediäre, wie Banken, wird es ermöglicht, die Transaktionen direkt miteinander durchzuführen. Dies erlaubt eine schnellere Abwicklung und ermöglicht insbesondere in Regionen mit einem weniger stark ausgeprägten Rechtssystem, dass Verträge oder Überweisungen korrekt und sicher ausgeführt werden (Streichert, 2018b).

Das gegenseitige Vertrauen in die Beteiligten einer Transaktion ist bei Blockchain-Netzwerken nicht notwendig, vielmehr gewährleistet die dahinterstehende Technologie eine sichere Transaktionsabwicklung (Burgwinkel, 2016). Ferner hat die Transparenz in einem Blockchain-Netzwerk eine enorme Bedeutung. So wird die gesamte Transaktionshistorie nachvollziehbar abgebildet und

Nutzer können diese jederzeit einsehen. Blockchain-Netzwerke arbeiten unabhängig und autonom, weshalb sich äußere Einflüsse nicht auf das Netzwerk auswirken (Breidenbach/Glatz, 2018).

In den nachfolgenden Abschnitten werden die rechtlichen Herausforderungen eines Blockchain-Netzwerks in Bezug auf das Straf-, Datenschutz- und Zivilrecht aufgezeigt. Da sich je nach Ausgestaltung des Netzwerks (privat oder öffentlich) und Form der Teilnahme (Lightweight Node oder Full Node) unterschiedliche rechtliche Fragestellungen ergeben, wird nachfolgend stets ein öffentliches Blockchain-Netzwerk angenommen und die „Nutzer" repräsentieren ausschließlich Full Nodes.

Strafrechtliche Aspekte am Beispiel des Besitzes von Kinderpornographie 3

Zu Beginn wurde bereits auf das Forschungsprojekt der Rheinisch-Westfälisch Technischen Hochschule Aachen und der Goethe-Universität Frankfurt verwiesen, welches die nichtfinanziellen Inhalte der Bitcoin-Blockchain analysierte und Forscher darin Backups aufzeigten, die Links zu Kinderpornographie enthielten. Neben den Finanztransaktionen ist es im Bitcoin-System möglich, auch kurze Texte als spezielle Transaktionstypen oder komplette Dateien kodiert als Standard-Transaktionen zu versenden, wodurch rechtswidrige Inhalte verbreitet werden können (Henze et. al., 2018).

3.1 Ausgangssituation

In einer Blockchain werden sämtliche Transaktionsdaten fortlaufend und unveränderlich bei jedem Nutzer gespeichert. Daher stellt sich zunächst die Frage, ob Nutzern einer Blockchain bereits durch das Speichern der Transaktionshistorie und den in einigen Transaktionen vorhandenen Links, der Besitz von Kinderpornographie zur Last gelegt werden kann.

In § 184 b Abs. 3 StGB wird es unter Strafe gestellt, „einen kinderpornographischen Inhalt, der ein tatsächliches oder wirklichkeitsnahes Geschehen wiedergibt, abzurufen oder sich den Besitz an einem solchen Inhalt zu verschaffen oder einen solchen Inhalt zu besitzen". Wobei für den Umfang von Inhalten auf § 11 Abs. 3 StGB verwiesen wird. Demnach handelt es sich um Inhalte, die in Schriften, auf Ton- oder Bildträgern, in Datenspeichern, Abbildungen oder anderen Verkörperungen enthalten sind oder auch unabhängig von einer Speicherung mittels Informations- oder Kommunikationstechnik übertragen werden.

Bereits am 23. September 2014 schlug die Fraktion CDU/CSU und die SPD in einem Gesetzentwurf zur Änderung des StGB vor, nicht mehr auf den Besitz

© Springer Fachmedien Wiesbaden GmbH, ein Teil von Springer Nature 2023
C. Hein et al., *Rechtliche Herausforderungen von Blockchain-Anwendungen*,
essentials, https://doi.org/10.1007/978-3-658-41080-3_3

von Schriften Bezug zu nehmen, sondern vielmehr auf den „Abruf mittels Rundfunk oder Telemedien, wobei die Speicherung der Daten keine Bedingung mehr sein sollte" (Deutscher Bundestag, 2014). Um neben solchen auch europäischen Vorgaben Rechnung zu tragen, wonach bereits der Zugriff auf kinderpornografischen Inhalt strafbar ist, wurde durch die Anpassung des Strafgesetzbuches nun neben dem Besitz auch der „Abruf" ebensolcher strafbar (MüKoStGB, 2021).

Auf dieser Basis wird hinterfragt, ob den Nutzern eines öffentlichen Blockchain-Netzwerks, hier Bitcoin, der Abruf oder Besitz von Kinderpornographie zugerechnet werden kann und Miner möglicherweise als Mittäter verantwortlich sind. Es wird jedoch nicht infrage gestellt, dass die direkten Transaktionspartner, die unmittelbar rechtswidrige Inhalte versenden, strafrechtlich verantwortlich sind.

Es handelt sich gem. § 184b Abs. 1 Nr. 1 lit. a-c StGB um kinderpornographische Inhalte, wenn sie sexuelle Handlungen von, an oder vor einer Person unter vierzehn Jahren (Kind), die Wiedergabe eines ganz oder teilweise unbekleideten Kindes in aufreizend geschlechtsbetonter Körperhaltung oder die sexuell aufreizende Wiedergabe der unbekleideten Genitalien oder des unbekleideten Gesäßes eines Kindes zum Gegenstand haben.

Es wird im Folgenden angenommen, dass es sich bei den in der Transaktionshistorie gefundenen Inhalten der Bitcoin-Blockchain um eine Form kinderpornographischer Inhalte handelt. Fraglich ist demnach, ob das bloße Vorhandensein eines Links zu solchen kinderpornographischen Inhalten innerhalb der Bitcoin-Blockchain eine der Tatbestandsvoraussetzungen des § 184b Abs. 3 StGB erfüllt.

Abruf

Der Abruf von Inhalten erfolgt, sobald der Nutzer die Übertragung der Daten veranlasst und sich dadurch die Möglichkeit der Kenntnisnahme verschafft hat, wobei es keine tatsächliche Kenntnisnahme erfordert. Erhält aber hingegen jemand ohne aktives Zutun eine Abbildung, handelt es sich nicht um einen Abruf in diesem Sinne (MüKoStGB, 2021). Es ist fraglich, ob ein Nutzer der Bitcoin-Blockchain durch das Herunterladen der gesamten Transaktionshistorie die Voraussetzungen des Abrufs erfüllt. Er handelt aller Wahrscheinlichkeit nach in dem Bewusstsein, dass sich transaktionsfremde Inhalte darauf befinden. Es ist jedoch nicht abschließend zu beantworten, ob man auch unmittelbar darauf schließen kann, in welchem Block bzw. an welcher Stelle sich der kinderpornografische Inhalt exakt befindet und, ob der durchschnittliche Nutzer diesen ohne Weiteres finden könnte.

Besitzverschaffung

Besitz i. S. d. § 184 b Abs. 3 StGB setzt voraus, dass sich die Person diese Inhalte in der Art zugänglich machen kann, dass ein tatsächliches Herrschaftsverhältnis besteht. Bei der Nutzung von Informations- und Kommunikationstechnik verschafft man sich Besitz, wenn die Inhalte auf einem Datenspeicher, wie z. B. der Computerfestplatte, an dem der Täter Besitz ausübt, gespeichert sind. Wobei „sich verschaffen" eine absichtliche Herbeiführung des Besitzes meint. Hieran mangelt es mitunter, wenn beispielsweise ohne Kenntnisnahme des Nutzers Bilder durch Verlinkung mit anderen Internetseiten heruntergeladen und gespeichert werden (MüKoStGB, 2021). Die Bitcoin-Blockchain umfasste laut Statista am 10. Juli 2022 insgesamt 406,05 Gigabyte (Statista, 2022). Nimmt man nun an, dass ein Nutzer die gesamte Transaktionshistorie speichert, ist fraglich, inwieweit man diesem unterstellen kann, dass ein tatsächliches Herrschaftsverhältnis über die kinderpornographischen Inhalte besteht. Aller Wahrscheinlichkeit nach besteht bei einem durchschnittlichen Nutzer keine Kenntnis, wie er die in einem bestimmten Block enthaltenen transaktionsfremden Inhalte in der Art zugänglich machen kann, dass ein tatsächliches Herrschaftsverhältnis ausgeübt wird.

Besitz

Verneint man den Abruf und die Besitzverschaffung, so käme noch die Strafbarkeit für das Tatbestandsmerkmal des Besitzes infrage, sofern Verfügungsgewalt über kinderpornografischen Inhalt erlangt wurde und man sich diesem nicht umgehend entledigt. Demnach muss die Verfügungsgewalt länger bestehen, als es für eine zumutbare Beseitigung oder Weiterleitung an Strafverfolgungsbehörden angemessen und erforderlich gewesen wäre. Dies erfordert jedoch eine Besitzabsicht oder jedenfalls Kenntnis von diesem. Erwirbt man jedoch eine umfangreiche Sammlung auf der Festplatte eines Rechners, bei der man es lediglich für möglich hält, dass kinderpornographische Inhalte dabei sein könnten, ist dies regelmäßig nicht ausreichend für den Besitztatbestand (MüKoStGB, 2021).

3.2   Stellungnahme

Im Bitcoin-System wurden laut der genannten Studie, Listen zu einer Vielzahl von Webseiten mit kinderpornographischen Inhalten entdeckt. Full Nodes speichern die gesamte Transaktionshistorie auf dem von ihnen genutzten Computer und folglich permanent auf einem entsprechenden Datenträger. Jedoch wird durch den Link von einem Dritten die Datei zum Abruf bereitgestellt, was regelmäßig nicht ausreicht, um die Tatbestandsvoraussetzung des Besitzes zu erfüllen.

Es ist jedoch fraglich, ob einem Nutzer für die Speicherung der Transaktionshistorie, z. B. des Bitcoin Systems, bei dem der eigentliche Sinn im Handel mit der Kryptowährung Bitcoin besteht, ein vorsätzliches Handeln in Bezug auf den Besitz von Kinderpornographie angelastet werden kann. Zwar gaben die Forscher der Studie zu Bedenken, dass umfassende Berichte über solche Inhalte in der Bitcoin-Blockchain zur Folge haben könnten, dass ein Mitwissen angenommen werden kann (Wieduwilt, 2018), diese Annahme kann jedoch nicht verifiziert werden.

Es scheint weit hergeholt, dass Berichte in den Medien eine solch weitreichende Folge haben. Dadurch würde impliziert, dass der durchschnittliche Nutzer der Bitcoin-Blockchain, der dort finanzielle Transaktionen tätigen möchte, dies nicht mehr tun kann, da an irgendeiner Stelle im Netzwerk rechtswidrige Inhalte enthalten sein könnten und deshalb die Nutzung des Netzwerks allgemein schon einen Straftatbestand darstellen würde, unabhängig davon, ob der jeweilige Nutzer weiß, wie man darauf zugreifen kann oder nicht.

Für die Nutzung der Blockchain-Technologie kann es daher keine Voraussetzung sein, dass Nutzer die einzelnen Transaktionen und Transaktionsdaten und des Weiteren auch sämtliche rechtswidrigen Inhalte kennen. Würde der Gesetzgeber bei der Nutzung der Blockchain grundsätzlich vom vorsätzlichen Handeln jedes Nutzers ausgehen, würde die Technologie kaum noch praktische Einsatzbereiche finden, da man sich dauerhaft vor einer möglichen Strafverfolgung fürchten müsste.

Ob nun das bloße Speichern der Transaktionshistorie der Blockchain den Tatbestand erfüllt, ist rechtlich nicht abschließend beantwortet. Es bleibt abzuwarten, inwieweit sich die rechtlichen Voraussetzungen an die neuen Technologien anpassen.

Geht man davon aus, dass den Nutzern die rechtswidrigen Inhalte fremder Transaktionen grundsätzlich nicht zugerechnet werden und sie so nicht strafrechtlich dafür zur Verantwortung gezogen werden können, stellt sich darüber hinaus die Frage, ob sich nicht die Miner der Verbreitung von Kinderpornographie mitschuldig machen und ggf. als Mittäter i. S. v. § 25 Abs. 2 StGB gelten. Eine Mittäterschaft liegt dann vor, wenn mehrere Personen gemeinschaftlich eine Straftat begehen. Die Mittäterschaft sieht eine gleichwertige Verantwortung vor und setzt sowohl die gemeinschaftliche Tatbegehung als auch den gemeinschaftlichen Tatentschluss voraus (MüKoStGB, 2020).

Verbreitung

Es wird auch für diesen Fall angenommen, dass es sich bei den Inhalten in der Bitcoin-Blockchain um eine Form von kinderpornographischen Inhalten i. S. v. § 184b Abs. 1 Nr. 1 lit. a-c StGB handelt. Zunächst muss daher der Begriff der Verbreitung definiert werden. Eine Verbreitung tätigt, wer die Inhalte einem größeren Personenkreis zugänglich macht, wobei die Anzeige auf dem Bildschirm bereits für die Verbreitung ausreicht und es keiner Speicherung aufseiten des Empfängers bedarf. Ermöglicht man Personen die Möglichkeit, im Peer-to-Peer-Verfahren kinderpornographische Inhalte anzusehen, liegt ebenfalls eine Verbreitung vor. Hingegen ist eine solche regelmäßig nicht anzunehmen, wenn für die andere Person die Möglichkeit zum Zugriff bestand, aber nicht belegbar ist, dass dieser auch erfolgte (MüKoStGB, 2021). Für das Vorliegen einer Mittäterschaft ist erforderlich, dass die Mittäter alle subjektiven Merkmale selbst erfüllen und wesentlich auf die Tatbestandsverwirklichung einwirken. Ein persönliches Kennen der Mittäter untereinander ist nicht erforderlich, weshalb auch konkludentes Einverständnis mit gemeinschaftlichen Tatvorsatz eine Mittäterschaft impliziert (MüKoStGB, 2020).

Die Miner fassen die Transaktionen der Blockchain in Blöcken zusammen, welche bei sämtlichen Nutzern konstant gespeichert werden. Sie tragen somit maßgeblich dazu bei, solche rechtswidrigen Inhalte einem größeren Personenkreis zugänglich zu machen. Ferner könnte man ein konkludentes Einverständnis vermuten, welchem auch nicht entgegensteht, dass die Miner mitunter weltweit verteilt sind. Durch die Bereitstellung ihrer Rechenleistung und das Ermitteln der Hashwerte erhalten sie das Netzwerk am Leben. Sie unterstützen den eigentlichen Prozess, haben aber keine Verantwortung für die Transaktionen der Nutzer und deren Inhalte. Ebenso wenig können sie Einfluss auf die eingestellten Transaktionen nehmen oder diese verändern, sondern lediglich verifizieren.

Bei der Blockchain-Technologie geht es um den direkten Austausch zwischen den Transaktionsparteien ohne einen Dritten. Die Anforderung, dass Miner Transaktionen inhaltlich kontrollieren, würde in der Praxis dazu führen, dass sie sich nicht mehr in das Netzwerk einbringen und die Blockchain infolgedessen nicht mehr funktionsfähig ist. Eine Inhaltskontrolle sämtlicher Transaktionsinhalte und Begleitdaten durch die Miner würde einer zentralen Kontrollinstanz gleichkommen, worauf jedoch bei der Blockchain-Technologie gerade verzichtet werden soll.

Vorsatz

Es bedarf in jedem Fall auch hier des Vorsatzes i. S. v. § 15 StGB, an dem es jedoch aller Wahrscheinlichkeit nach mangelt. Der Sinn und Zweck des Bitcoin-Systems ist der Handel mit der Kryptowährung Bitcoin. Die Miner haben demnach eher eine finanzielle Motivation, sich am Netzwerk zu beteiligen und die für das Mining vorgesehene Entlohnung zu erhalten. Auch kann nicht angenommen werden, dass ein Miner in einem Netzwerk, dass dem Austausch bzw. Handel mit Kryptowährungen dient, rechtswidrige Inhalte, wie Kinderpornographie, billigend in Kauf nimmt, da der grundlegende Zweck des Netzwerks im Bitcoin-Handel liegt.

3.3   Fazit

Entsprechend stellen solche rechtswidrigen Inhalte einer Transaktion innerhalb eines Blockchain-Netzwerks einen neuen Sachverhalt dar, der so noch nicht rechtlich analysiert wurde. Folglich bedarf es für diese Fälle einer strafrechtlichen Bewertung, um nicht zuletzt für die unbeteiligten Nutzer eine gewisse Rechtssicherheit zu schaffen. Der Gesetzgeber könnte Rahmenbedingungen für eine Strafbarkeit innerhalb eines Blockchain-Netzwerks schaffen und festlegen, ab wann ein Teilnehmer sich an der Verbreitung solcher Inhalte beteiligt. Von einem durchschnittlichen Nutzer des Bitcoin-Systems kann man nicht erwarten, dass er sämtliche Inhalte anderer Transaktionen kennt, da das Netzwerk einen vollkommen anderen Zweck verfolgt. Darüber hinaus ist auch fraglich, inwieweit es einem durchschnittlichen Nutzer möglich ist, solche Inhalte aufzurufen bzw. sie sich zugänglich zu machen. Es können aber Regelungen getroffen werden, die festlegen, ab wann eine Meldung an die Behörden erfolgen muss.

Sicherlich hat der Gesetzgeber in seinen Erwägungen nicht in Betracht gezogen, dass solch illegale Handlungen mitunter Nebenprodukte völlig legitimer Transaktionen sein können. Doch insbesondere Kinder und Jugendliche sind besonders schutzbedürftig, weshalb die Anforderungen an eine Strafbarkeit dieser Handlungen dementsprechend streng gefasst werden sollten.

In der Rechtsprechung erfordert es einer „gewissen Barriere", um die Zugänglichmachung zu verhindern, d. h. die Inhalte sind nur mit einem nicht unbedeutenden Aufwand zu finden. Die Inhalte kinderpornografischer Natur in der Bitcoin-Blockchain waren beispielsweise mitunter nicht eindeutig erkennbar. Fraglich bleibt, ob man dem durchschnittlichen Nutzer eines Netzwerkes zur Handlung mit Kryptowährung Besitzwillen in Bezug auf kinderpornografische Inhalte unterstellen kann (Bundesamt für Sicherheit in der Informationstechnik, 2019). Gänzlich ausgeschlossen werden kann eine Strafbarkeit nicht, weshalb es dringend klarer Vorgaben in der Rechtsprechung bedarf.

Anwendbarkeit des Datenschutzes

4

Am 25. Mai 2018 trat in Europa die Datenschutz-Grundverordnung in Kraft. Die Verordnung ersetzte gem. Art. 94 Abs. 1 DS-GVO die bisherige Datenschutz-Richtlinie 95/46/EG und findet nach Art. 288 Abs. 2 AEUV unmittelbar in jedem Mitgliedstaat der Europäischen Union Anwendung. Sie hat demnach allgemeine Geltung und ist in allen ihren Teilen verbindlich. Deutschland ist einer von insgesamt 27 Mitgliedsstaaten der EU, weshalb die Regelungen der DS-GVO beachtet werden müssen.

4.1 Ausgangssituation

Der Anwendungsbereich des Datenschutzrechts umfasst nach Art. 2 Abs. 1 DS-GVO die Verarbeitung personenbezogener Daten. Daraus ergibt sich zunächst die Frage, ob in einer öffentlichen Blockchain überhaupt „personenbezogene Daten" enthalten sind oder ob es sich lediglich um anonyme Informationen i. S. v. Erwägungsgrund 26 S. 5 DS-GVO handelt. Demnach sind anonyme Informationen solche Informationen, „die sich nicht auf eine identifizierte oder identifizierbare natürliche Person beziehen, oder in einer Weise anonymisiert worden sind, dass die betroffene Person nicht oder nicht mehr identifiziert werden kann".

Personenbezogene Daten

Zunächst ist fraglich, was unter dem Begriff der personenbezogenen Daten zu verstehen ist. Die DS-GVO definiert diesen in Art. 4 Nr. 1 DS-GVO als „alle Informationen, die sich auf eine identifizierte oder identifizierbare natürliche Person beziehen". Damit es sich um eine identifizierte natürliche Person handelt, müssen Informationen vorliegen, die eine Identifizierung ohne Weiteres ermöglichen. Dies

© Springer Fachmedien Wiesbaden GmbH, ein Teil von Springer Nature 2023
C. Hein et al., *Rechtliche Herausforderungen von Blockchain-Anwendungen*,
essentials, https://doi.org/10.1007/978-3-658-41080-3_4

können persönliche Angaben wie Name, Alter, Herkunft, Geschlecht sowie Familienstand sein oder sachliche Angaben wie Beziehungen des Betroffenen zu Dritten, Angaben zum Umfeld oder zur finanziellen Situation (Paal/Pauly, 2021).

Innerhalb eines Blockchain-Netzwerkes kommen als personenbezogene Daten die Transaktionsdaten und Public Keys in Betracht. Demnach geht die Identität des Nutzers nicht unmittelbar aus dieser Information hervor und es handelt sich nicht um Informationen, die sich auf eine identifizierte natürliche Person beziehen. Man kann lediglich von einer Pseudonymisierung sprechen (Glossner/Leupold/Wiebe, 2021) und es stellt sich die Frage, ob Pseudonyme eine Identifizierung dennoch zulassen und in einem Blockchain-Netzwerk tatsächlich Informationen vorhanden sind, die sich auf eine identifizierbare natürliche Person beziehen.

In Art. 4 Nr. 1 DS-GVO gilt eine natürliche Person als identifizierbar, wenn sie „direkt oder indirekt, insbesondere mittels Zuordnung zu einer Kennung wie einem Namen, zu einer Kennnummer, zu Standortdaten, zu einer Online-Kennung oder zu einem oder mehreren besonderen Merkmalen, die Ausdruck der physischen, physiologischen, genetischen, psychischen, wirtschaftlichen, kulturellen oder sozialen Identität dieser natürlichen Person sind, identifiziert werden kann".

Ist die Identität einer Person mittels Referenzdaten zu ermitteln, spricht man von personenbezogenen Daten, wobei für die Identifikation alle Mittel berücksichtigt werden, die von dem Verantwortlichen oder einer anderen Person nach allgemeinem Ermessen wahrscheinlich genutzt werden, um die natürliche Person direkt oder indirekt zu identifizieren. Hierbei spielen alle objektiven Faktoren eine Rolle, die zur Identifizierung sehr wahrscheinlich genutzt werden könnten. Demnach auch die Kosten der Identifizierung und der dafür erforderliche Zeitaufwand sowie die zum Zeitpunkt der Verarbeitung verfügbare Technologie und entsprechende technologische Entwicklungen (Paal/Pauly/Ernst, 2021). Pseudonymisierung meint die Verarbeitung personenbezogener Daten in einer Weise, dass die personenbezogenen Daten ohne Hinzuziehung zusätzlicher Informationen nicht mehr einer spezifischen betroffenen Person zugeordnet werden können. In jedem Fall handelt es sich noch um Informationen über eine identifizierbare natürliche Person. Folglich finden die Grundsätze des Datenschutzes vollumfänglich Anwendung (Paal/Pauly, 2021). Es ist demnach fraglich, ob die Adresse eines Nutzers in einer Blockchain als pseudonym gilt und die DS-GVO anwendbar ist oder es sich aufgrund der Verschlüsselungsmechanismen bereits um anonyme Daten handelt, die eine Identifizierung ausschließen und demnach das Datenschutzrecht keine Anwendung findet.

Unter einer Pseudonymisierung ist gem. Art. 4 Nr. 5 DS-GVO die „Verarbeitung personenbezogener Daten in einer Weise zu verstehen, dass die personenbezogenen Daten ohne Hinzuziehung zusätzlicher Informationen nicht mehr einer spezifischen betroffenen Person zugeordnet werden können, sofern diese zusätzlichen Informationen gesondert aufbewahrt werden und technischen und organisatorischen Maßnahmen unterliegen, die gewährleisten, dass die personenbezogenen Daten nicht einer identifizierten oder identifizierbaren natürlichen Person zugewiesen werden können".

Damit der Anwendungsbereich der DS-GVO eröffnet ist und innerhalb eines Blockchain-Netzwerks personenbezogene Daten verarbeitet werden, darf die natürliche Person hinter der jeweiligen Adresse im Blockchain-Netzwerk nicht identifizierbar sein, ohne dass weitere Informationen hinzugezogen werden. Behält man das Beispiel der Bitcoin Blockchain vor Augen, hat jeder Nutzer eine Adresse. Meist ist eine unvermittelbare Identifizierung jedoch nicht ad hoc möglich und nur durch entsprechende Recherche können Zusammenhänge zu realen Personen hergestellt werden (Glossner/Leupold/Wiebe, 2021).

Unterschiedliche theoretische Ansätze
Es werden zwei unterschiedliche Theorien verfolgt, ob bei der Ermittlung des Personenbezugs auf den Verantwortlichen oder eine andere Person abzustellen ist. Welchem Ansatz für die Auslegung der DS-GVO zu folgen ist, wird unterschiedlich bewertet.

Nach der relativen Theorie ist es erforderlich, dass der Verantwortliche einen Personenbezug herstellen und eine Identifizierung vornehmen kann (Faber/Sassenberg, 2020). Der DS-GVO könnte demnach ein relativer Ansatz zugrunde liegen, da ihr Anwendungsbereich explizit anonymisierte Daten ausschließt. Der Personenbezug kann durch den Verantwortlichen oder eine andere Person hergestellt werden und ist daher sehr weit gefasst. Eine Anonymisierung wäre so kaum noch denkbar, da es meist in irgendeiner Form möglich ist, einen Personenbezug herzustellen. Vielmehr sollte eine Identifizierung durch Barrieren zusätzlich verkompliziert werden (Hofmann/Johannes, 2017).

Der EuGH hat anerkannt, dass dynamische IP-Adressen einen Personenbezug aufweisen, wenn der Verantwortliche durch rechtliche Mittel (z. B. Auskunftsanspruch) in der Lage ist, mithilfe von Zusatzinformationen Dritter, einen solchen herzustellen (Hofmann/Johannes, 2017). In diesem Fall ist der EuGH der relativen Theorie gefolgt, die darum erweitert wurde, dass Informationen Dritter einzubeziehen sind, falls der Verarbeiter einen Rechtsanspruch hat, auf diese Informationen zuzugreifen (Erbguth/Fasching, 2017). Folgt man der relativen Theorie des Personenbezugs, bedarf es in jedem Fall der Verhältnismäßigkeit zwischen der Identifizierung der dahinterstehenden Person und dem dazugehörigen Arbeitsaufwand für den Verantwortlichen.

Im Gegensatz dazu ist es bei der absoluten Theorie ausreichend, dass ein Dritter mit verhältnismäßigen Mitteln die Identifizierung der hinter den Daten stehenden Person herbeiführen kann (Schrey/Thalhofer, 2017). Diese absolute Betrachtungsweise wird jedoch bei der DS-GVO durch die aufgeführten Begriffe, wie „allgemeines Ermessen", „wahrscheinlich" und „erforderlicher Zeitaufwand" eingegrenzt (Erbguth/Fasching, 2017). In Erwägungsgrund 26 der DS-GVO wird dazu auf „alle Mittel, die von dem Verantwortlichen oder einer anderen Person nach allgemeinem Ermessen wahrscheinlich genutzt werden, um die natürliche Person direkt oder indirekt zu identifizieren, wie beispielsweise das Aussondern", abgestellt. Demnach sind „bei der Feststellung, ob Mittel nach allgemeinem Ermessen wahrscheinlich zur Identifizierung der natürlichen Person genutzt werden", auch „alle objektiven Faktoren, wie die Kosten der Identifizierung und der dafür erforderliche Zeitaufwand", heranzuziehen, „wobei die zum Zeitpunkt der Verarbeitung verfügbare Technologie und technologische Entwicklungen zu berücksichtigen sind".

4.2   Stellungnahme

Grundsätzlich ist der relativen Theorie zu folgen, da die Annahme, dass eine andere Person den Personenbezug herstellen könnte, sehr weit gefasst ist und eine Anonymisierung nahezu unmöglich, sowie eine Pseudonymisierung in jedem Fall zurückzuverfolgen wäre. Allerdings stellt sich die Frage, wer innerhalb eines öffentlichen Blockchain-Netzwerks als Verantwortlicher i. S. d. DS-GVO gilt. Dies ist nicht eindeutig zu beantworten. Demnach wäre für die Ermittlung des Personenbezugs bei einer Blockchain auf die absolute Theorie und somit auf Mittel abzustellen, die eine „andere Person" ergreifen kann.

Doch auch wenn man auf einen Verantwortlichen abstellt, ist aufgrund des technischen Fortschritts und der stetigen Entwicklungen durchaus anzunehmen, dass auch der Verantwortliche über geeignete Mittel verfügt, um einen Personenbezug herstellen zu können. Fraglich ist demnach, welche Mittel eine andere Person nach allgemeinem Ermessen wahrscheinlich einsetzt, um die Person hinter dem Pseudonym zu identifizieren.

Geeignete Mittel

Es geht dabei um den Einsatz der Mittel, die vernünftigerweise und aller Voraussicht nach vom Verantwortlichen eingesetzt werden und um die Verhältnismäßigkeit zwischen einem Identifizierungsinteresse und dem für eine Identifizierung notwendigen Aufwand. Es ist abzuwägen, ob ein durchschnittlicher Verarbeiter ein so großes Interesse, z. B. ein wirtschaftliches, an der Identifizierung hat, dass er bereit ist, diese trotz eines großen Aufwands vorzunehmen. Dabei ist der aktuelle Stand verfügbarer Technologien und technologischer Entwicklungen nicht außer Acht zu lassen (Hofmann/Johannes, 2017).

Es stellt sich also die Frage, welches Interesse der Verantwortliche oder eine andere Person an der Identifizierung hat und welche Mittel ihm zur Verfügung stehen, was regelmäßig von der Ausgestaltung des Blockchain-Netzwerks und der darin enthaltenen Daten abhängen wird. Fände die Blockchain-Technologie beispielsweise Anwendung im Gesundheitswesen und würde dort verschlüsselt Daten von Patientenakten oder Krankheitsverläufen speichern, handelt es sich aller Regel nach um sehr sensible Daten. Das Interesse an einer Identifizierung der dahinterstehenden Person könnte in einem solchen Fall größer sein und ein hoher Aufwand eine bessere Rechtfertigung finden als bei einer Anwendung in der Energiebranche. Nutzt man die Blockchain, um als Privatperson die Einspeisung der eigenen Solaranlage in das Stromnetz besser abrechnen zu können und somit auch nachvollziehbarer zu gestalten, so scheint ein großes Identifizierungsinteresse weniger gegeben (Talin, 2018).

Pseudonymisierte digitale Profile lassen zudem Rückschlüsse auf die Vermögensverhältnisse und das Verhalten der Nutzer zu, sodass eine Identifizierung des Nutzers mit wenigen Mitteln möglich wäre (Bechtolf, 2018). So ist es bereits möglich, die IP-Adresse eines Nutzers im Blockchain-Netzwerk zu ermitteln (Martini/Weinzierl, 2017). Trotz der Sicherheitsvorkehrungen, wie z. B. einer Firewall, können im Bitcoin-System Beziehungen zwischen der Bitcoin-Adresse und der IP-Adresse des Nutzers, der eine Transaktion generiert hat, hergestellt werden (Biryukov/Khovratovich/Pustogarov, 2014), um dadurch eine Deanonymisierung der dahinterstehenden Person herbeizuführen (Gayvoronskaya/Meinel/Schnjakin, 2018).

Ferner kann die jeweilige Identität durch weitere Zusatzinformationen ermittelt werden, welche bspw. Schnittstellen zwischen Bitcoin-System und Dritteinrichtungen austauschen. Heutzutage können Online-Käufe mit Bitcoin bezahlt werden, wodurch der Verkäufer dann über die Lieferanschrift des Käufers und über den öffentlichen Schlüssel verfügt, der für die Bezahlung benötigt wird. Folglich hat dieser die notwendigen Mittel, um ohne weiteres eine Identifizierung vorzunehmen (Bechtolf, 2018). Innerhalb einer Blockchain werden alle Vorgänge erfasst und gespeichert, wodurch eine Art Profilbildung stattfindet. Am Beispiel der Bitcoin-Blockchain werden demnach sämtliche finanziellen Vorgänge lückenlos archiviert. Veröffentlicht eine Person ihre Bitcoin Adresse, so ist es möglich, sämtliche Zahlungsvorgänge dieser Person nachzuvollziehen. Damit würden eindeutig personenbezogene Informationen verarbeitet.

So bietet beispielsweise die Umweltschutzorganisation „Sea Shepherd Conservation Society" auf ihrer Internetseite zehn verschiedene Möglichkeiten Spenden in Kryptowährungen zu leisten und hat hierzu die dazugehörigen Wallet-Adressen aufgelistet (Sea Shepherd, 2022). Durch die Veröffentlichung der Adressen ist es möglich, alle Transaktionen dieser Adressen zu analysieren und Rückschlüsse auf die Vermögensverhältnisse der Organisation zu ziehen. Es handelt sich zwar nicht um eine natürliche Person, dennoch veranschaulicht dieses Beispiel, welche Auswirkungen eine solche Offenbarung haben kann.

4.3   Fazit

Bei der Generierung von Spenden kann diese Nachvollziehbarkeit von Vorteil sein. Bei natürlichen Personen stellt dies jedoch eher ein Risiko dar, dem höchstens durch die bereits erwähnte Verwendung stetig neuer Schlüssel für Transaktionen entgegengewirkt werden kann. Andernfalls kann eine solche Profilbildung nicht verhindert werden und es können innerhalb des Bitcoin-Systems oder auch in anderen Blockchain-Netzwerken, Rückschlüsse auf die Vermögensverhältnisse gezogen werden. Allerdings ist fraglich, wie wahrscheinlich der durchschnittliche Nutzer einer Blockchain für jede Transaktion ein neues Schlüsselpaar verwenden wird (Hofert, 2017).

Ob es sich also um die Verarbeitung personenbezogener Daten handelt, hängt insbesondere von den Interessen und technischen Möglichkeiten des Verantwortlichen oder einer anderen Person ab. Die DS-GVO könnte demnach Anwendung finden. In jedem Fall wirft die Identifizierbarkeit der natürlichen Person durch den Verantwortlichen oder einer anderen Person die Frage auf, wer in einem öffentlichen Blockchain-Netzwerk überhaupt Verantwortlicher sein kann bzw. ob ein solcher überhaupt existiert.

Verantwortliche Stellen innerhalb einer Blockchain

5

Verantwortlicher ist nach Art. 4 Nr. 7 DS-GVO „die natürliche oder juristische Person, Behörde, Einrichtung oder andere Stelle, die allein oder gemeinsam mit anderen über die Zwecke und Mittel der Verarbeitung von personenbezogenen Daten entscheidet". Dadurch soll einer Stelle die Verantwortung, allein oder gemeinsam mit anderen, u. a. für die Einhaltung der Datenschutzbestimmungen und die Entscheidungen über die Zwecke und Mittel der Verarbeitung von personenbezogenen Daten zugewiesen werden (Paal/Pauly, 2021). Allerdings zeichnet sich die Blockchain-Technologie insbesondere durch ihre dezentrale Struktur und das Fehlen einer zentralen Verantwortlichkeit aus. Im Netzwerk existieren Miner und Nutzer, weshalb untersucht wird, ob unter diesen Parteien ein Verantwortlicher i. S. d. DS-GVO existieren kann.

5.1 Ausgangssituation

Miner

Als Erstes könnten die Miner Verantwortliche im o. g. Sinn sein. Dafür ist zunächst darauf abzustellen, ob es sich bei einem Miner um einen geeigneten Adressaten gem. Art. 4 Nr. 7 DS-GVO, also eine natürliche oder juristische Person, Behörde, Einrichtung oder andere Stelle, handelt. Verantwortlicher kann demnach jeder sein, der Daten für sich verarbeitet, was auch die Speicherung oder Weitergabe umfasst (Paal/Pauly, 2021). Bei Minern handelt es sich in aller Regel um natürliche Personen, die ihre Rechenkapazität dem Blockchain-Netzwerk zur Verfügung stellen, die Transaktionen in den Blöcken zusammenfassen und die Hashwerte ermitteln. Miner stellen demnach geeignete Adressaten dar.

© Springer Fachmedien Wiesbaden GmbH, ein Teil von Springer Nature 2023
C. Hein et al., *Rechtliche Herausforderungen von Blockchain-Anwendungen*, essentials, https://doi.org/10.1007/978-3-658-41080-3_5

Am Beispiel der Bitcoin-Blockchain erhalten die Miner für die Ermittlung des korrekten Hashwertes eine festgelegte Summe der Kryptowährung. Sie sind innerhalb des Netzwerks in der Lage, Transaktionen in einen Block aufzunehmen oder nicht aufzunehmen. Es ist ihnen allerdings nicht möglich, Transaktionen zu verändern oder diese für andere Nutzer zu tätigen. Ein Miner erhält keine Bitcoins, wenn sein neuer Block vom Rest der Miner nicht als valide akzeptiert wird. Ein einzelner Miner ist demnach nicht befähigt, im Blockchain-System wesentliche Entscheidungen zu treffen. Ebenso besteht die Schwierigkeit, die Miner konkret zu identifizieren (Erbguth/Fasching, 2017).

Ein Miner befasst sich nicht mit konkreten Transaktionsinhalten und mag keinen direkten Einfluss auf die Inhalte in der Blockchain haben, allerdings funktioniert das Netzwerk einzig durch das zur Verfügung stellen ihrer Rechenkapazität. Darüber hinaus haben Miner auch finanzielle Interessen am laufenden Betrieb eines Blockchain-Netzwerkes, da sie für die Bereitstellung der Rechenleistung entlohnt werden. Hieraus könnte sich auch eine Verantwortlichkeit im datenschutzrechtlichen Sinne ableiten (Faber/Sassenberg, 2020).

Entscheidet ein Miner, eine Transaktion nicht in seinen Block aufzunehmen, so wird diese Transaktion keinesfalls gelöscht oder geht verloren. Sie wird lediglich zu einem späteren Zeitpunkt in die Transaktionshistorie der Blockchain aufgenommen und verweilt bis dahin im „Transaktionspool". Der Miner kann daher lediglich entscheiden, ob er eine Transaktion in seinen Block aufnimmt oder nicht. Es steht ihm jedoch keinerlei Entscheidungsbefugnis über den Zweck und die Mittel der Verarbeitung zu. Aus diesem Grund ist eine alleinige Verantwortlichkeit der Miner zu verneinen.

Etwas Anderes könnte sich ergeben, wenn man sämtliche Miner als gemeinsame Verantwortliche betrachtet. Eine gemeinsame Verantwortlichkeit der Miner könnte sich aus Art. 26 i. V. m. Art. 4 Nr. 7 DS-GVO ergeben. Demnach sind zwei oder mehrere Verantwortliche gem. Art. 26 Abs. 1 S. 1 DS-GVO dann gemeinsam verantwortlich, wenn sie gemeinsam die Zwecke der und die Mittel zur Verarbeitung festlegen. Für eine gemeinsame Verantwortlichkeit ist es nicht erforderlich, dass alle Verantwortlichen in gleichem Maße entscheiden und die gleiche Verantwortung innehaben, vielmehr zielt sie auf eine bewusste Zusammenarbeit ab und inwieweit die Beteiligten auf den Zweck und die Mittel der Verarbeitung einwirken (Paal/Pauly, 2021).

Ein Zusammenschluss mehrerer Miner in einem sog. Miningpool könnte zur Folge haben, dass diese gemeinsam die Zwecke der und die Mittel zur Verarbeitung festlegen. In einem Miningpool läuft die Rechenkapazität mehrerer Miner zusammen, um dadurch schneller die Hashwerte zu ermitteln und die dafür vorgesehene

Belohnung einzustreichen. Hat ein solcher Miningpool nun 51 % der Rechenleistung des gesamten Blockchain-Netzwerks zur Verfügung, könnte dieses Netzwerk maßgeblich beeinflusst werden und man könnte vermuten, dass sie gewollt und bewusst zusammenarbeiten (Erbguth/Fasching, 2017).

Nutzer

Der Nutzer könnte ebenfalls als Verantwortlicher i. S. d. Art. 4 Nr. 7 DS-GVO gelten, da dieser die Transaktionen erstellt und verschlüsselt und so als Einziger Einfluss auf die enthaltenen Daten zu haben scheint. Zunächst muss es sich um geeignete Adressaten i. S. v. Art. 4 Nr. 7 DS-GVO handeln. Geht man davon aus, dass natürliche Personen oder auch Unternehmen Nutzer eines Blockchain-Netzwerks sind, so handelt es sich um einen geeigneten Adressaten. Ferner ist darauf abzustellen, ob es sich um die gemeinsame oder die alleinige Verantwortlichkeit des Adressaten handelt. Es stellt sich die Frage, ob die Nutzer einer Blockchain gemeinsam als Verantwortliche i. S. v. Art. 26 i. V. m. Art. 4 Nr. 7 DS-GVO identifiziert werden können. Wie bereits festgestellt, bedarf es für eine gemeinsame Verantwortlichkeit der gemeinsamen Festlegung der Zwecke und Mittel der Verarbeitung.

Dass die Nutzer untereinander Transaktionspartner sind, erfüllt den Sinn und Zweck der gemeinsamen Verantwortlichkeit nicht. Es bedarf vielmehr der konkreten Festlegung eines gemeinsamen Zwecks, wofür es allerdings gem. Art. 26 Abs. 1 S. 2 DS-GVO einer transparenten Vereinbarung bedarf, welche festlegt, wer welche Datenschutzverpflichtungen erfüllen muss, woran es jedoch regelmäßig fehlt (Erbguth/Fasching, 2017). Demnach würde eine gemeinsame Verantwortlichkeit der Blockchain-Nutzer ausscheiden.

Bei Blockchain Anwendungen ist anzunehmen, dass die Beteiligten eigenständig über das Ausmaß und den Umfang ihrer Teilnahme bestimmen (Buchner/Kühling, 2018). Daher könnte es sich um eine alleinige Verantwortlichkeit des jeweiligen Nutzers handeln. Dieser müsste in der Lage sein, allein über die Zwecke und Mittel der Verarbeitung von personenbezogenen Daten zu entscheiden, da keine zentrale Instanz über die Verarbeitung bestimmt und eine Verantwortlichkeit auf Seiten der Miner sowie eine gemeinsame Verantwortlichkeit der Nutzer, vorausgehend verneint wurde (Schrey/Thalhofer, 2017).

Zunächst signieren die Nutzer in einem Blockchain-Netzwerk die Transaktionen mit ihrem privaten Schlüssel und versenden diese an die übrigen Teilnehmer. Demnach könnte man annehmen, dass der Nutzer personenbezogene Daten sammelt und archiviert. Wobei die Art und Weise der Datenverarbeitung regelmäßig nicht von einem einzelnen Nutzer beeinflusst wird (Martini/Weinzierl, 2017).

5.2 Stellungnahme

In der Praxis würde eine Übermacht der Miner das Vertrauen in das Netzwerk und dessen Sicherheit erheblich beeinträchtigen. Aus diesem Grund achten Miner innerhalb des Bitcoin-Systems stets von sich aus darauf, dass sie den Grenzwert nicht überschreiten. Daher ist auch eine gemeinsame Verantwortlichkeit der Miner abzulehnen (Erbguth/Fasching, 2017) Die. Miner ziehen i. d. R. einen unmittelbaren Nutzen aus ihrer Tätigkeit für das Blockchain-Netzwerk, können jedoch lediglich die Transaktionen zusammenfassen und Hashwerte errechnen. Die entsprechenden Daten können sie nicht verändern, weshalb ihnen für die u. U. enthaltenen personenbezogenen Daten nicht die Verantwortung auferlegt werden kann (Martini/Weinzierl, 2017). Der Verantwortliche i. S. d. DS-GVO kann nicht aus dem Kreis der Miner bestimmt werden.

Die Tatsache, dass ein Nutzer lediglich eine verschlüsselte Transaktion an das Netzwerk verteilt, könnte einer Verantwortlichkeit des einzelnen Nutzers widersprechen. Prinzipiell besteht keine Möglichkeit für die Mitglieder des Netzwerks eine Transaktion zu löschen. Man könnte annehmen, dass in der Erstellung einer Transaktion dem Nutzer eine wesentliche Entscheidungsmacht zusteht. Der Nutzer kann aber keine Transaktionen für andere erstellen oder beeinflussen und ist auch nicht in der Lage seine eigenen Transaktionen rückwirkend zu bearbeiten. Deshalb kann man einen Nutzer auch nicht unmittelbar als Verantwortlichen einstufen. Im Vergleich zu den Minern haben die Nutzer aber in jedem Fall mehr Einfluss auf die Daten, die in einer Blockchain verarbeitet werden.

Die DS-GVO normiert diverse Rechte, die betroffene Personen gegenüber den Verantwortlichen in Bezug auf ihre personenbezogenen Daten geltend machen können.

Auch wenn die Frage nach einem Verantwortlichen in einem Blockchain-Netzwerk nicht eindeutig beantwortet werden kann, werden im Folgenden die Rechte der Art. 16 S. 1 und 17 Abs. 1 DS-GVO und ihre Vereinbarkeit mit der Blockchain-Technologie kurz erläutert. Im Hinblick auf die Unveränderbarkeit der Blockchain enthalten diese Regelungen das größte Konfliktpotenzial.

Zunächst normiert Art. 16 S. 1 DS-GVO das Recht betroffener Personen, von dem Verantwortlichen unverzüglich die Berichtigung der, die Personen betreffenden, unrichtigen Daten zu verlangen. Es soll die Verarbeitung von korrekten personenbezogenen Daten erfolgen, weshalb das Recht auf Berichtigung essenziell für Betroffene ist, um negative Auswirkungen infolge der Verarbeitung falscher Daten abzuwenden (Paal/Pauly, 2021).

Daten, die in der Blockchain verarbeitet werden, können nachträglich nicht verändert werden. Dies wirft die Frage auf, was ein solches Recht für ein

Blockchain-Netzwerk bedeutet. Es steht im vollkommenen Gegensatz zu den eigentlich unveränderlichen Transaktionsdaten und es bedarf spezieller technischer Implikationen, um ein solches Recht praktisch umzusetzen. Wie eine solche Implikation aussehen könnte, wird im Abschnitt der Lösungsansätze erläutert.

Art. 17 Abs. 1 DS-GVO regelt das Recht auf Löschung in bestimmten Fällen. Betroffene Personen können u. U. die unverzügliche Löschung sie betreffender personenbezogener Daten von dem Verantwortlichen verlangen. Demnach dürfen die Daten nur solange gespeichert werden, wie sie auch tatsächlich benötigt werden. Sobald der jeweilige Zweck, für den die Daten verarbeitet wurden, erfüllt ist, sind die Betroffenen berechtigt, die Löschung der Daten zu verlangen (Schrey/Thalhofer, 2017). Der Verantwortliche hat also sicherzustellen, dass ein Zugriff auf die Daten nicht mehr oder nur noch mit unverhältnismäßig hohem Aufwand möglich ist (Martini/Weinzierl, 2017).

Unabhängig davon, dass in einem öffentlichen Blockchain-Netzwerk die Suche nach einem Verantwortlichen wohl meist ins Leere laufen wird und somit praktisch schwer durchsetzbar sein wird, ist eine Löschung auch technisch nicht ohne Weiteres umsetzbar. Die Daten kann man rückwirkend nicht verändern, da dies zur Folge hätte, dass sich auch sämtliche Hashwerte der Blöcke verändern und somit die gesamte Kette inkonsistent wird. Ferner wird die technische Umsetzung dadurch erschwert, dass die Daten der Transaktionshistorie bei jedem einzelnen Nutzer des Netzwerks separat gelöscht oder gesperrt werden müssten. Innerhalb einer Blockchain speichern die jeweiligen Nutzer die Blöcke auf ihrem Rechner ab und die neuen Blöcke werden stetig hinzugefügt. Die vergangenen Blöcke werden nicht aktualisiert oder überschrieben (Martini/Weinzierl, 2017).

Es bedarf also, ähnlich wie beim Recht auf Löschung, spezieller technischer Implikationen. Für die Wahrung des Rechts auf Löschung könnte es jedoch auch ein milderes Mittel geben. Ein solches könnte in der Sperrung der personenbezogenen Daten innerhalb des Blockchain-Netzwerks bestehen. Allerdings läuft dies dem grundlegenden Transparenzgedanken der Blockchain zuwider, würde das Netzwerk jedoch nicht zusammenbrechen lassen, wie es eine Löschung ggf. zur Folge haben könnte (Schrey/Thalhofer, 2017).

Eine Sperrung würde in jedem Fall die Vertrauenswürdigkeit der Blockchain einschränken, könnte jedoch durchaus ein geeignetes Mittel zur Umsetzung des Rechts auf Löschung darstellen, da keine Daten entfernt, sondern lediglich vor Einblicken anderer geschützt werden (Martini/Weinzierl, 2017). Um das Recht auf Löschung zu umgehen, könnte man auch argumentieren, dass gerade in der stetigen Fortschreibung der Transaktionshistorie der Zweck des Netzwerks besteht und ein Recht auf Löschung somit gar nicht zur Anwendung kommen würde.

5.3 Fazit

Es zeigt sich, dass das Datenschutzrecht zwar durchaus Anwendung in einem öffentlichen Blockchain-Netzwerk finden kann, allerdings scheint die Umsetzung der Betroffenenrechte in der Praxis nicht leicht handhabbar zu sein. Dazu bedarf es Regelungen, wie der Datenschutz in Blockchain-Netzwerken anzuwenden ist oder wie technische Implikationen, die die Umsetzung und Wahrung des Datenschutzes gewährleisten, grundsätzlich einzusetzen sind.

Im Gegensatz dazu bedarf es nach der Blockchain-Strategie der alten Bundesregierung keiner Anpassung der DS-GVO, sondern einer datenschutzkonformen Nutzung der Blockchain-Technologie. Dabei sollten vor allem die folgenden Fragen Beachtung finden und geklärt werden: „Welche, auf einer Blockchain gespeicherten, Daten stellen personenbezogene Daten dar? Wie wird das Recht auf Löschung bei der Nutzung von Blockchain-Technologie gewährleistet? Wie wird das Recht auf Auskunft über die eigenen Daten durch eine zentrale Stelle gewährleistet?" (Bundesministerium für Wirtschaft und Klimaschutz, 2019). In einer im Jahr 2021 veröffentlichten Kurzstudie im Auftrag des Bundesministeriums für Wirtschaft und Energie (heute: Bundesministerium für Wirtschaft und Klimaschutz) beschäftigten Experten noch immer die offenen Fragen rund um den Datenschutz und die Datensicherheit in Blockchain-Netzwerken, worin unter anderem ein Problem für den weiteren Vormarsch der Token-Ökonomie gesehen wird (Bundesministerium für Wirtschaft und Klimaschutz, 2021).

Der Blockchain Bundesverband betrachtet bei einem datenminimalen Einsatz auch bei öffentlichen Blockchain-Netzwerken aufgrund diverser Technologien die Einhaltung von datenschutzrechtlichen Vorgaben als realisierbar. Die Weiterentwicklung von Verschlüsselungsarten kann in Zukunft auch weitere Anwendungsszenarien ermöglichen, ohne die Rechte von Betroffenen anzugreifen (Blockchain Bundesverband, 2018).

Zivilrechtliche Aspekte anhand eines Beispiels

6

In Bezug auf das deutsche Zivilrecht ist fraglich, ob und wie die Unveränderlichkeit einer Blockchain mit den gesetzlichen Regelungen, insbesondere dem allgemeinen Teil des Bürgerlichen Gesetzbuches sowie dem Schuldrecht, kollidiert. Dies wird am Anwendungsbeispiel von Smart Contracts erläutert, welche die Blockchain-Technologie einsetzen, um die Bedingungen des Vertrages abzubilden und auszuführen (Kipker, 2020). Sie sind jedoch keine direkten Verträge im rechtlichen Sinn (Glossner/Leupold/Wiebe, 2021).

6.1 Ausgangssituation

Die Technologie funktioniert dabei ähnlich einer „Wenn-Dann-Regelung", sodass sobald eine Vertragskondition erfüllt ist, eine zuvor festgelegte Folge eintritt. Wie bei Nutzung der Blockchain-Technologie üblich, gleichen die Computer bei Eingabe neuer Daten diese mit den bereits Vorhandenen ab und nehmen die neuen Informationen auf, wenn diese von einer Vielzahl der Miner verifiziert werden. Dementsprechend sind die Informationen dauerhaft nachvollziehbar gesichert, bedürfen jedoch stetiger Aktualisierung, um den Geschehnissen in der realen Welt zu entsprechen (Kipker, 2020). Das folgende Beispiel dient der Veranschaulichung der nachfolgenden rechtlichen Hürden.

X möchte einen Roller über eine Blockchain-Plattform auf Basis von Ethereum bei Verkäufer V erwerben. Die Informationen über Käufer und Verkäufer werden in der Blockchain festgeschrieben, ebenso wie die Intentionen beider Parteien, den Roller verkaufen bzw. kaufen zu wollen. Statt eines schriftlichen Vertrages sind diese Details allerdings in einer Blockchain mittels „Wenn-Dann-Regeln" festgeschrieben. X möchte für den Roller in der Kryptowährung „Ether"

© Springer Fachmedien Wiesbaden GmbH, ein Teil von Springer Nature 2023
C. Hein et al., *Rechtliche Herausforderungen von Blockchain-Anwendungen*,
essentials, https://doi.org/10.1007/978-3-658-41080-3_6

bezahlen. Sobald also der Roller von V an X geliefert wurde, kann mittels Automatismus der festgeschriebene Betrag automatisch an V überwiesen werden, ohne dass es eines Zutuns des X bedarf (Schiller, 2018).

6.2 Anfechtung

Der Kaufvertrag ist nun in der Blockchain hinterlegt, wird stetig fortgeschrieben und ist nachträglich unveränderbar. In diesem Rahmen stellt sich nun die Frage, wie Anfechtungstatbestände innerhalb eines solchen Netzwerks zu berücksichtigen sind. Wenn X erst nach Lieferung der Kaufsache feststellt, dass es sich um ein Motorrad, anstatt um einen Roller handelt und er für dieses Motorrad gar keinen Führerschein besitzt, so könnte X seine Willenserklärung anfechten.

Eine Anfechtung erfolgt gem. § 143 Abs. 1 BGB durch Erklärung gegenüber dem Anfechtungsgegner und bewirkt nach § 142 Abs. 1 BGB, dass ein Rechtsgeschäft als von Anfang an nichtig anzusehen ist. Infolgedessen wäre das Rechtsgeschäft rückwirkend, ex tunc, nichtig (MüKoBGB, 2021).

Ein entsprechender Anfechtungsgrund ergibt sich hier aus § 119 Abs. 2 BGB, dem Eigenschaftsirrtum. Hierbei handelt es sich um einen Irrtum über solche Eigenschaften der Person oder der Sache, die im Verkehr als wesentlich angesehen werden. Verkehrswesentlich sind die Eigenschaften, auf die es typischerweise im speziellen Fall maßgeblich ankommt (MüKoBGB, 2021). X hat sich über eine verkehrswesentliche Eigenschaft der Sache geirrt, welche sich aus dem konkreten Rechtsgeschäft ergibt.

Wenn X nun also das Rechtsgeschäft wirksam anficht, hätte es von Beginn an keine Wirkung entfaltet und wäre nichtig. Für Verträge innerhalb des Blockchain-Netzwerks würde das bedeuten, dass bereits validierte und in den Blöcken gespeicherte Transaktionen bei einer wirksamen Anfechtung rückwirkend als nichtig betrachtet werden müssten.

Die Technologie zeichnet sich jedoch gerade durch die Unveränderlichkeit der Transaktionshistorie aus. Möglichkeiten, wie eine wirksame Anfechtung in einem Blockchain-Netzwerk abgebildet werden könnte, wird im Abschnitt der Lösungsansätze erläutert.

6.3   Rücktritt

Neben der Anfechtung ist auch fraglich, wie ein Rücktritt innerhalb eines Blockchain-Netzwerks abgebildet werden kann. Die Wirkung des Rücktritts normiert § 346 Abs. 1 BGB. Demnach sind die empfangenen Leistungen zurück zu gewähren und die gezogenen Nutzungen herauszugeben, wenn sich eine Vertragspartei den Rücktritt vertraglich vorbehalten hat oder ihr ein gesetzliches Rücktrittsrecht zusteht.

X und V haben einen wirksamen Vertrag über den Erwerb des Rollers abgeschlossen. X möchte nun endlich mit seinem Roller fahren und stellt dabei fest, dass dieser nicht anspringt. Dabei handelt es sich um einen Sachmangel i. S. v. § 434 Abs. 1 Nr. 2 BGB. Die Sache eignet sich nicht für die gewöhnliche Verwendung und weist nicht die Beschaffenheit auf, die bei Sachen der gleichen Art üblich ist und die der Käufer nach der Art der Sache erwarten kann. Hat X bereits Nacherfüllung gem. § 439 BGB verlangt und V verweigert diese endgültig, steht X ein gesetzliches Rücktrittsrecht aus §§ 437 Nr. 2 i. V. m. 440, 323 Abs. 1, 326 Abs. 5 BGB zu, da die gekaufte Sache mangelhaft ist und der Verkäufer die Nacherfüllung verweigert hat. Dabei handelt es sich um ein sog. Rückabwicklungsschuldverhältnis (Schrey/Thalhofer, 2017).

Es stellt sich die Frage, wie die Rückabwicklung in der Blockchain abgebildet werden kann, insbesondere, wenn der Verkäufer nicht mitwirkt. So kann in einer Blockchain niemand Transaktionen für andere Nutzer erstellen, da es stets des jeweiligen zur Adresse gehörenden Schlüsselpaars bedarf. Wirkt V nun bei der Rückabwicklung nicht mit, wird X, ähnlich wie bei einer Rückabwicklung außerhalb des Blockchai- Netzwerks, nur schwer seinen Betrag an „Ether" zurückerlangen.

6.4   Geschäftsfähigkeit

Zudem stellt sich die Frage, wie innerhalb eines Blockchain-Netzwerks gewährleistet werden kann, dass lediglich berechtige Personen Verträge schließen. Zwar ist bei alltäglichen Geschäften ebenfalls nicht ausgeschlossen, dass eine nicht berechtigte Person ein solches vornimmt, allerdings birgt die Blockchain durch die Unveränderlichkeit meist höhere Hürden in der Rückabwicklung oder Auflösung von Geschäften.

Nimmt man für das obige Beispiel nun an, dass es sich bei X um einen Minderjährigen handelt, was V nicht bekannt war, so bedarf es zur Wirksamkeit des Rechtsgeschäfts gem. § 107 BGB der Einwilligung seines gesetzlichen

Vertreters, sofern er nicht lediglich einen rechtlichen Vorteil erlangt. Andernfalls würde die Wirksamkeit des Vertrages nach § 108 Abs. 1 BGB von der Genehmigung des Vertreters abhängen, wenn der Minderjährige X bereits einen Vertrag abgeschlossen hat.

Ob ein Vertrag lediglich rechtlich vorteilhaft ist, beurteilt sich danach, wie sich die Rechtsstellung des Minderjährigen dadurch entwickelt. Ergeben sich für den Minderjährigen rechtliche Verpflichtungen jedweder Art als Haupt- oder Nebenpflichten, handelt es sich nicht um ein lediglich rechtlich vorteilhaftes Rechtsgeschäft (MüKoBGB, 2021). Beim Kauf eines Rollers muss dieser versichert und betankt werden, um nutzbar zu sein. Folglich handelt es sich nicht um einen lediglich rechtlichen Vorteil.

Es ist fraglich, wie eine solche schwebende Unwirksamkeit in einer Blockchain abgebildet werden kann, ebenso wie geprüft werden soll, ob ein Minderjähriger Transaktionen ausführt. Es wäre möglich, Transaktionen erst in der Blockchain durchzuführen, wenn die Genehmigung erteilt wurde. Die Blockchain müsste allerdings in der Lage sein, eine schwebende Unwirksamkeit zu erkennen und Geburtsdaten zu registrieren (Schrey/Thalhofer, 2017).

Ferner legt § 110 BGB, der sog. Taschengeldparagraph, fest, dass ein von dem Minderjährigen ohne Zustimmung des gesetzlichen Vertreters geschlossener Vertrag als von Anfang an wirksam gilt, wenn der Minderjährige die vertragsmäßige Leistung mit Mitteln bewirkt, die ihm zu diesem Zweck oder zu freier Verfügung von dem Vertreter oder mit dessen Zustimmung von einem Dritten überlassen worden sind. Da es bei öffentlichen Blockchain-Netzwerken keine Zugangsbeschränkungen gibt, sofern man grundsätzliche Voraussetzungen, wie einen Internetzugang hat, würde auch für Minderjährige die Möglichkeit bestehen am Netzwerk teilzunehmen.

Hier wäre u. U., entgegen dem eigentlichen Gedanken des anonymen Vertrauens der Blockchain, auf eine zentrale Kontrollinstanz abzustellen, welche prüft ob Minderjährige Nutzer sind, oder es wären entsprechende Zugangsvoraussetzungen zu schaffen. Es bedarf dabei in jedem Fall einer Abwägung, ob diese Mittel den Verlust an Dezentralität rechtfertigen (Schrey/Thalhofer, 2017).

6.5 Gesetzliche Verbote/Sittenwidrigkeit

Die Blockchain ist ein unabhängiges, dezentrales Netzwerk. Daher ist fraglich, wie in diesem Rahmen gewährleistet werden kann, dass Transaktionen nicht einem gesetzlichen Verbot i. S. v. § 134 BGB unterliegen. Demnach ist ein

Rechtsgeschäft, das gegen ein gesetzliches Verbot verstößt, nichtig, wenn sich nicht aus dem Gesetz etwas anderes ergibt.

Da es meist keine zentrale Kontrollinstanz in einem Blockchain-Netzwerk gibt, existiert zunächst auch keine Überprüfung der Transaktionsinhalte. Für diesen Fall könnte man mitunter einen Automatismus im Blockchain Netzwerk einbauen, welcher routinemäßige Transaktionen mit gewissen Gesetzen abgleicht (Schrey/Thalhofer, 2017). Um zu überprüfen, ob es sich um ein gesetzliches Verbot handelt, bedarf es jedoch der Auslegung des entsprechenden Gesetzes (MüKoBGB, 2021).

Die Blockchain speichert jedoch lediglich feste Parameter und lässt keinen Raum für Auslegungsfragen. Dies führt auch zu Kollisionen mit § 138 BGB. Sittenwidrige Rechtsgeschäfte sind gem. § 138 Abs. 1 BGB Rechtsgeschäfte, die gegen die guten Sitten verstoßen. Zur Beurteilung eines solchen Verstoßes wird das „Anstandsgefühl aller billig und gerecht Denkenden" herangezogen (MüKoBGB, 2021). Ob Sittenwidrigkeit vorliegt, wird meist unterschiedlich beurteilt und kann somit nur schwer durch Automatismen geprüft werden (Schrey/Thalhofer, 2017).

Zwar werden auch außerhalb eines Blockchain-Netzwerks Rechtsgeschäfte geschlossen, die einem gesetzlichen Verbot unterliegen können. Allerdings birgt die Blockchain stets höhere Hürden bei der Auflösung dieser Geschäfte, da sie, einmal in der Historie gespeichert, schwer zu entfernen sind. Algorithmen könnten einen Automatismus darstellen, der gewisse Standardüberprüfungen in der Blockchain durchführt. Allerdings bedarf es bei der Frage, ob ein Rechtsgeschäft nichtig ist oder nicht im Regelfall einer Analyse und entsprechender juristischer Kompetenz (Schrey/Thalhofer, 2017).

Die juristische Sprache ist geprägt von Begriffen wie „Angemessenheit", „Treu und Glauben", „Ermessen", „Unzumutbarkeit" oder auch „höhere Gewalt", die nicht ohne weitere Auslegung Anwendung finden. Inwiefern diese Terminologie künftig auch in Blockchain-Netzwerken berücksichtigt wird, ist ein Thema, mit dem sich Unternehmen beschäftigen sollten, wenn sie die Technologie einzusetzen beabsichtigen (Breidenbach/Glatz, 2021).

Lösungsansätze 7

7.1 Reverse Transactions

Eine Möglichkeit den rechtlichen Problemstellungen entgegenzuwirken könnten sogenannte „Reverse Transactions" sein. Dabei werden die fehlerbehafteten Transaktionen noch einmal umgekehrt ausgeführt. Folglich wird der wirtschaftliche Zustand, der vor der falschen Transaktion bestand, wiederhergestellt. Allerdings bleiben dabei sämtliche Transaktionen transparent einzusehen (Schrey/Thalhofer, 2017).

Bezogen auf die Anfechtung wäre zwar der Ursprungszustand wiederhergestellt, allerdings wären die Transaktionen rechtlich nicht aufgehoben, sondern lediglich rückabgewickelt worden. Ein „Rückgängigmachen" im eigentlichen Sinn ist bei einem Hash nicht möglich. Allerdings sieht die deutsche Rechtsordnung vor, dass Rechtsgeschäfte angefochten oder auch rückabgewickelt werden können. Inwiefern das durch eine gleichartige Gegentransaktion abgebildet werden kann, ist rechtlich nicht abschließend beantwortet (Breidenbach/Glatz, 2021).

Außerhalb eines Blockchain-Netzwerks ist bei Verträgen oftmals auch nicht unmittelbar ersichtlich, ob diese ex tunc oder ex nunc aufgehoben wurden und eine dahingehende Unterscheidung schwierig. Folglich scheint es sich bei der Anerkennung von Reverse Transactions um ein theoretisches Problem zu handeln, dass durch den Gesetzgeber geregelt werden könnte.

© Springer Fachmedien Wiesbaden GmbH, ein Teil von Springer Nature 2023
C. Hein et al., *Rechtliche Herausforderungen von Blockchain-Anwendungen*,
essentials, https://doi.org/10.1007/978-3-658-41080-3_7

7.2   Pruning

Einen weiteren Lösungsansatz könnte das sog. „Pruning" bieten. Es handelt sich dabei um die teilweise Löschung bereits vergangener Transaktionen durch eine zentrale Instanz. Dabei ist zu beachten, dass die Daten, die gelöscht werden sollen, bereits wieder in einer neuen Transaktion enthalten sein müssen. Dieser Vorgang ermöglicht es, Daten zu entfernen, ohne den Nachweis über die jeweilige Legitimation zu verlieren und die Blockchain weiterzuführen. Dadurch wird die Funktionsfähigkeit der gesamten Blockchain bewahrt, da Transaktionsdaten entfernt werden, ohne dass der Hashwert des Blocks verändert wird. Dies führt jedoch aller Wahrscheinlichkeit nach zu einem Verlust der Nachvollziehbarkeit und Fälschungssicherheit. Mit diesem Lösungsansatz könnte eine bessere Einhaltung des Datenschutzes gewährleistet werden, indem z. B. das Recht auf Löschung gewahrt wird (Martini/Weinzierl, 2017). Allerdings besteht nach wie vor keine Rechtssicherheit, an wen sich eine betroffene Person wenden könnte.

Die am Beispiel der Bitcoin-Blockchain aufgezeigten rechtswidrigen Inhalte könnten u. U. durch das Pruning entfernt werden, ohne die Blockchain vollständig funktionsuntauglich zu machen. Fraglich ist jedoch, ob die Datenintegrität, die bei der Blockchain-Technologie durch die stetige Ergänzung der Transaktionshistorie gewährleistet werden soll, dadurch nicht erheblich eingeschränkt wird.

Bei der Verwendung des Pruning wird es auf den genauen Anwendungsfall der Blockchain-Technologie ankommen und dabei zwischen dem Verlust an Integrität und Transparenz durch das Pruning einerseits und dem Ausmaß des Löschungsverlangens andererseits, abzuwägen sein.

7.3   Chameleon Hash

Neben dem Pruning oder den Reverse Transactions, könnte der Einsatz eines sog. „Chameleon Hashs" helfen, die rechtlichen Herausforderungen zu bewältigen. Die Nutzung des Chameleon Hashs erlaubt Änderungen an bereits verifizierten Transaktionen. Demnach wird es ermöglicht, die eigentliche Unveränderbarkeit, die der Blockchain-Technologie zugrunde liegt, zu umgehen. Allerdings erfordert diese Implementierung den Einsatz einer zentralen Instanz, welche nach bestimmten Parametern Löschungen vornimmt und dafür die Zuständigkeit innehat (Martini/Weinzierl, 2017). Die Veränderung in den jeweiligen Blöcken ist dabei durch eine „unveränderbare digitale Narbe" ersichtlich und somit ist zumindest transparent zu erkennen, dass eine Änderung vorgenommen wurde (Bechtolf, 2018).

Allerdings würde die Notwendigkeit einer zentralen Instanz zur Änderung der Daten dem Grundgedanken hinter der Blockchain-Technologie, nämlich der Dezentralität und der technischen Autonomie, widersprechen. Auch wenn die Änderungen für die Teilnehmer nachvollziehbar sind, so wäre das Netzwerk dennoch von einer einzigen Hoheitsschnittstelle und deren Vertrauenswürdigkeit abhängig (Martini/Weinzierl, 2017).

Dieses Verfahren scheint im Rahmen privater Blockchains umsetzbar, da es dort in aller Regel einer Zugangskontrolle bedarf und somit auch eine zentrale Instanz vorhanden sein muss. In öffentlichen Blockchains empfiehlt sich eine zentrale Stelle zur Löschung weniger, da es einen enormen Eingriff in die Datenintegrität darstellt. Allerdings muss zuvor festgelegt werden, ob ein Chameleon Hash im Blockchain-Netzwerk benutzt wird. Das bedeutet, die Nutzer wissen, wenn sie dem Blockchain-Netzwerk beitreten, dass eine Änderungsmöglichkeit im Nachhinein vorhanden ist. Möglicherweise wird auch hier eine Interessenabwägung im konkreten Anwendungsfall notwendig sein.

In Hinblick auf die erwähnte Studie zur Analyse der Daten in der Bitcoin-Blockchain, würde es der Einsatz eines Chameleon Hashs ermöglichen, solche rechtswidrigen Inhalte zu entfernen (Henze et. al., 2018), ebenso wie den Grundsätzen des Datenschutzes, insbesondere den Betroffenenrechten, zu entsprechen.

Fazit

„Es gibt destruktive Revolutionen, die das Bestehende angreifen. Und es gibt produktive Revolutionen, die den Weg über das Neue gehen und eben dadurch versuchen, das Alte überflüssig zu machen" (Matuschek, 2017).

In welche Richtung die Blockchain-Technologie steuert ist derzeit noch nicht abzusehen. Bereits im Jahre 2015 veröffentlichte das World Economic Forum eine Studie, die prognostiziert, dass bis zum Jahre 2025 bereits zehn Prozent des weltweiten Bruttoinlandsproduktes mithilfe der Blockchain-Technologie generiert werden (WEF, 2015). Fraglich ist dabei jedoch, wie sich die Negativschlagzeilen langfristig auf Kryptowährung und infolgedessen womöglich auch auf die Blockchain-Technologie, nicht nur im Hinblick auf die rechtswidrigen Inhalte, wie Kinderpornographie, auswirken. So wurde Bitcoin auch bereits für die Bezahlung von Käufen über die Internetplattform „Silk Road" genutzt. Dabei handelte es sich um eine Verkaufsplattform im „Dark Web" auf der u. a. Drogen oder Hacker-Software angeboten wurde, welche bei einem Kauf mit Bitcoins bezahlt werden konnten. Das Dark Web ist nicht über gängige Webbrowser und Suchmaschinen erreichbar. Es handelt sich um ein anonymisiertes Netzwerk (FAZ, 2015). Allerdings werden sich diese Probleme auf der einen Seite bei einem öffentlich zugänglichen Netzwerk ohne Kontrollinstanz oder Zugangsvoraussetzungen niemals vollständig vermeiden lassen. „Silk Road" ist nur ein Beispiel für eine Vielzahl illegaler Plattformen im Internet. Erfolgt keinerlei Kontrolle lässt sich vermuten, dass auch über öffentliche Blockchain-Anwendungen illegale Geschäfte getätigt werden oder deren Bezahlung weitestgehend anonym über Systeme wie Bitcoin vorgenommen werden können.

Auf der anderen Seite soll die Blockchain-Technologie es ermöglichen, u. a. Korruption zu umgehen, indem man Transaktionen direkt miteinander, ohne eine dritte Instanz, tätigt. Allerdings sind unter Umständen potenzielle Nutzer in Ländern mit hoher Korruptionsquote oder schwacher Infrastruktur noch nicht in der

© Springer Fachmedien Wiesbaden GmbH, ein Teil von Springer Nature 2023   43
C. Hein et al., *Rechtliche Herausforderungen von Blockchain-Anwendungen*,
essentials, https://doi.org/10.1007/978-3-658-41080-3_8

Lage, die Voraussetzungen für die Teilnahme an einem Blockchain-Netzwerk, wie einen PC mit entsprechender Internetgeschwindigkeit, sicherzustellen. Für die derzeitigen rechtlichen Herausforderungen im Hinblick auf die Blockchain-Technologie lässt sich festhalten, dass es zumindest erste Lösungsansätze für die Problematiken gibt, wenn auch nicht alle Hürden ohne Weiteres zu bewältigen sind. Inwieweit diese die Integrität beeinflussen oder der eigentlichen Anwendung abträglich sind, hängt von den Intentionen der Anwender im jeweiligen Einsatzgebiet ab und davon, welche Ziele damit verfolgt werden sollen. Es bedarf keinen neuen gesetzlichen Regelungen, sondern einer entsprechenden Auslegung in Bezug auf die Blockchain-Technologie und der Entwicklung von Ausnahmen, wie die Akzeptanz von Reverse Transactions zur Erfüllung der Rückabwicklung von einem anfechtbaren Rechtsgeschäft.

Es könnten darüber hinaus gewisse Zugangsvoraussetzungen eingeführt werden, wie eine Art „Blockchain-Führerschein". Nutzer könnten entsprechend über die Teilnahme an einem Blockchain-Netzwerk aufgeklärt und auf mögliche Risiken hingewiesen werden. Dazu zählt auch die Strafbarkeit von Inhalten in der Transaktionshistorie sowie die Einhaltung von Datenschutzgrundsätzen, sofern diese anwendbar sind.

Auch auf Seiten des Gesetzgebers bleibt abzuwarten, ob nicht noch entsprechende rechtliche Rahmenbedingungen für die Blockchain-Technologie geschaffen werden, so wie sie andere Länder bereits implementiert haben. Die CDU/CSU und die SPD hatten in ihrem Koalitionsvertrag bestimmt, wie sie sich in Bezug auf die Blockchain-Technologie aufstellen wollen. Darin hieß es u. a., dass sie „eine umfassende Blockchain-Strategie entwickeln und sich für einen angemessenen Rechtsrahmen für den Handel mit Kryptowährungen und Token auf europäischer und internationaler Ebene einsetzen wollen". Ferner sollten „innovative Technologien, wie Distributed Ledger, erprobt werden und basierend auf diesen Erfahrungen ein Rechtsrahmen geschaffen werden" (Deutsche Bundesregierung, 2018).

Der Koalitionsvertrag der neuen Regierung aus SPD, Grünen und FDP enthält auf 178 Seiten dreimal das Wort „Blockchain". Allerdings nennen alle drei Absätze Blockchain nur als eine mögliche Lösung für spezifische Probleme (Dividendenarbitragegeschäfte, Digitale Finanzdienstleistungen und illegale Immobilienfinanzierung). Es wird an keiner Stelle etwas in Richtung einer ganzheitlichen Strategie erwähnt oder inwieweit die Gesetzgebung auf diese Technologie hin optimiert werden müsste. Es lässt sich im Vergleich zur Vorgängerregierung fast schon als Rückschritt interpretieren (Deutsche Bundesregierung, 2021).

Aber nicht nur auf nationaler Regierungsebene wird die Technologie weiter erforscht. Auch auf europäischer Ebene wurde mit der „Europäischen Blockchain Partnerschaft" einiger EU-Mitgliedsstaaten eine Institution geschaffen, welche in verschiedene Projekte investieren möchte, die die Nutzung der Blockchain unterstützen und fördern (Europäische Kommission, 2018). Insgesamt macht die Europäische Union Fortschritte bei der Etablierung einer Blockchain-Infrastruktur. Allerdings werden die datenschutzrechtlichen Herausforderungen dort nicht signifikant adressiert (Ajiboye, 2022). Die Technologie bedarf demnach noch einiger Weiterentwicklung und es wird sich erst in Zukunft herauskristallisieren, ob die angekündigte Revolution durch die Blockchain-Technologie tatsächlich eintritt und langfristig Bestand haben wird. Abschließend bleibt die Frage offen, wie bei einer Technologie, die ein solch hohes Maß an Transparenz bieten soll, bis heute die Identität hinter dem Pseudonym Satoshi Nakamoto offenbleiben konnte.

Was Sie aus diesem *essential* mitnehmen können

- Blockchain-Technologie ist das Zusammenspiel mehrerer, bereits bestehender Technologien und weist eine Vielzahl verschiedener Einsatzmöglichkeiten auf.
- Das bisherige Problem des Double Spending wird erstmals durch die Blockchain-Technologie vermieden, wodurch z. B. Kryptowährungen nicht doppelt, sondern einmalig ausgegeben werden können.
- Die Datenschutz-Grundverordnung zeichnet sich durch zentrale Verantwortlichkeiten aus, was eine Anwendung auf die Blockchain-Technologie erschwert.
- Das deutsche Rechtssystem ist noch nicht auf eine dezentrale Technologie, wie Blockchain, eingestellt, wodurch Rechtsunsicherheit bei der praktischen Handhabung solcher Technologien besteht.
- Die verschiedenen Lösungsmöglichkeiten für auftretende Rechtsunsicherheiten weisen noch praktische Mängel auf.

© Springer Fachmedien Wiesbaden GmbH, ein Teil von Springer Nature 2023
C. Hein et al., *Rechtliche Herausforderungen von Blockchain-Anwendungen*,
essentials, https://doi.org/10.1007/978-3-658-41080-3

Literatur

Ajiboye, Tolu/coinspeaker.com. „EU Passes Digital Policy as Parliament Proceeds with Plan for Blockchain Infrastructure", 24. November 2022; https://www.coinspeaker.com/eu-dig ital-policy-blockchain/

Artikel-29-Datenschutz-gruppe. „Opinion 05/2014 on Anonymisation Techniques", 0829/14/EN WP216, 10. April 2014; https://datenschutz.hessen.de/sites/datenschutz.hes sen.de/files/content-downloads/WP_216_Opinion%2005_2014%20on%20Anonymisat ion%20Techniques.pdf

Bechtolf, Hans/Vogt, Niklas/Zeitschrift für Datenschutz (Hrsg.). „Datenschutz in der Block- chain – Eine Frage der Technik" in ZD Heft 02/2018, S. 66 ff., 01. Februar 2018

Biryukov, Alex/Khovratovich, Dmitry/Pustogarov, Ivan/University of Luxembourg (Hrsg.). „Deanonymisation of clients in Bitcoin P2P network", Luxemburg, 2014; https://orbilu. uni.lu/bitstream/10993/18679/1/Ccsfp614s-biryukovATS.pdf

Blockchain Bundesverband e. V. „Blockchain, data protection, and the GDPR" – Ver- sion 1.0, Berlin, 25. Mai 2018; https://www.bundesblock.de/wp-content/uploads/2018/ 05/GDPR_Position_Paper_v1.0.pdf

Breidenbach, Stephan/Glatz, Florian. „Rechtshandbuch Legal Tech", 2. Auflage, München, 2021

Buchner, Benedikt/Kühling, Jürgen. „Datenschutz-Grundverordnung/BDSG Kommentar", 2. Auflage, München, 2018

Bundesamt für Sicherheit in der Informationstechnik. „Blockchain sicher gestalten Kon- zepte, Anforderungen, Bewertungen", Bonn, 2019; https://www.bsi.bund.de/Shared Docs/Downloads/DE/BSI/Krypto/Blockchain_Analyse.pdf?__blob=publicationFile &v=3

Bundesministerium für Wirtschaft und Klimaschutz. „Digitalisierung Blockchain-Strategie der Bundesregierung", 2019; https://www.bmwk.de/Redaktion/DE/Publikationen/Dig itale-Welt/blockchain-strategie.pdf?__blob=publicationFile&v=22

Bundesministerium für Wirtschaft und Klimaschutz. „Fachdialog Blockchain Token- Ökonomie in Deutschland", 2021; https://www.bmwk.de/Redaktion/DE/Publikationen/ Digitale-Welt/blockchain-kurzstudie.pdf?__blob=publicationFile&v=6

Burgwinkel, Daniel (Hrsg.). „Blockchain Technology – Einführung für Business- und IT Manager", Berlin/Boston, 2016

CV VC. „The German Blockchain Report 2022, 24. November 2022"; https://www.cvvc. com/insights#germanreport

© Springer Fachmedien Wiesbaden GmbH, ein Teil von Springer Nature 2023   49
C. Hein et al., *Rechtliche Herausforderungen von Blockchain-Anwendungen*, essentials, https://doi.org/10.1007/978-3-658-41080-3

Deutsche Bundesregierung. Koalitionsvertrag zwischen CDU/CSU und SPD vom 14. März 2018; https://www.bundesregierung.de/Content/DE/_Anlagen/2018/03/2018-03-14-koa litionsvertrag.pdf?__blob=publicationFile&v=6

Deutsche Bundesregierung. Koalitionsvertrag zwischen SPD, BÜNDNIS 90/DIE GRÜNEN und FDP vom 24. November 2022; https://www.bundesregierung.de/resource/blob/974 430/1990812/04221173eef9a6720059cc353d759a2b/2021-12-10-koav2021-data.pdf? download=1

Deutscher Bundestag. „Gesetzentwurf der Fraktionen der CDU/CSU und SPD zur Änderung des Strafgesetzbuches vom 23.09.2014", Drucksache 18/2601, 2014; http://dipbt.bundes tag.de/doc/btd/18/026/1802601.pdf

Djazayeri, Alexander/juris PraxisReport Bank- und Kapitalmarktrecht (Hrsg.). „Rechtliche Herausforderungen durch Smart Contracts" in jurisPR-BKR 12/2016 Anm. 1, 20. Dezember 2016

Drescher, Daniel (Hrsg.). „Blockchain Grundlagen – Eine Einführung in die elementaren Konzepte in 25 Schritten", Frechen, 2017

Erb, Volker/Schäfer, Jürgen (Hrsg.). Münchener Kommentar zum StGB Band 1, 4. Auflage, München, 2020

Erb, Volker/Schäfer, Jürgen (Hrsg.). Münchener Kommentar zum StGB Band 3, 4. Auflage, München, 2021

Erbguth, Jörn/Fasching, Joachim Galileo/Zeitschrift für Datenschutz (Hrsg.). „Wer ist Verantwortlicher einer Bitcoin-Transaktion?" in ZD Heft 12/2017, S. 560 ff., 01. Dezember 2017

Europäische Kommission. „Erklärung zur Europäischen Blockchain Partnerschaft", 10. April 2018; https://ec.europa.eu/digital-single-market/en/news/european-countries-join-blockchain-partnership

Faber, Tobias/Sassenberg, Thomas (Hrsg.). Rechtshandbuch Industrie 4.0 und Internet of Things, 2. Auflage, München, 2020

Frauenhofer-Gesellschaft. „Blockchain und Smart Contracts – Technologien, Forschungsfragen und Anwendungen", November 2017; https://www.sit.fraunhofer.de/fileadmin/ dokumente/studien_und_technical_reports/Fraunhofer-Positionspapier_Blockchain-und-Smart-Contracts.pdf?_=1516641660

Gayvoronskaya, Tatiana/Meinel, Christoph/Schnjakin, Maxim/Hasso-Plattner-Institut (Hrsg.). „Blockchain – Hype oder Innovation, Technischer Bericht Nr. 113", Potsdam, 2018; https://publishup.uni-potsdam.de/opus4-ubp/frontdoor/deliver/index/docId/10314/ file/tbhpi113.pdf

Giese, Tanja/BTC-Echo (Hrsg.). „Michigan – Unveränderlichkeit der Blockchain soll Gesetz werden", 16. Juni 2018; https://www.btc-echo.de/michigan-unveraenderlichkeit-der-blo ckchain-soll-gesetz-werden/

Glatz, Florian/Holthusen, Jannis/Kufeld, Simon/Deloitte (Hrsg.). „Vorstellung der Blockchain-Technologie „Hallo, Welt!"", Stand 03/2016; https://www2.deloitte.com/ content/dam/Deloitte/de/Documents/Innovation/Vorstellung%20der%20Blockchain-Tec hnologie.pdf

Glossner, Silke/Leupold, Andreas/Wiebe, Andreas. „IT-Recht – Recht, Wirtschaft und Technik der digitalen Transformation", 4. Auflage, München, 2021

Groß, Stefan/Wagner, Axel-Michael/Peters, Schönberger & Partner München (Hrsg.). „White Paper: Blockchain und Smart Contracts – Moderne IT-Konzepte aus (datenschutz-)rechtlicher Sicht", München, März 2018; https://www.psp.eu/media/allgemein/white_paper_blockchain.pdf

Henze, Martin et al./ Rheinisch-Westfälisch Technischen Hochschule Aachen u. Goethe-Universität Frankfurt (Hrsg.). „A Quantitative Analysis of the Impact of Arbitrary Blockchain Content on Bitcoin", 2018; https://www.comsys.rwth-aachen.de/fileadmin/papers/2018/2018_matzutt_bitcoin-contents_preproceedings-version.pdf

Hofert, Eduard/Zeitschrift für Datenschutz (Hrsg.). „Blockchain-Profiling – Verarbeitung von Blockchain-Daten innerhalb und außerhalb der Netzwerke" in ZD Heft 04/2017, S. 161 ff., 01. April 2017

Hofmann, Johanna M./ Johannes, Paul C./ Zeitschrift für Datenschutz (Hrsg.). „DS-GVO: Anleitung zur autonomen Auslegung des Personenbezugs – Begriffsklärung der entscheidenden Frage des sachlichen Anwendungsbereichs" in ZD Heft 05/2017, S. 221 ff., 01. Mai 2017

Jaiswal, Sweta/Nasdaq, Inc. (Hrsg.). „Is Blockchain a Game-Changer for Healthcare?", 06. April 2018; https://www.nasdaq.com/article/is-blockchain-a-game-changer-for-healthcare-cm944721

Kipker, Dennis-Kenji et al./ Zeitschrift für IT-Recht und Recht der Digitalisierung (Hrsg.). Rechtliche und technische Rahmenbedingungen der „Smart Contracts" in MMR Heft 08/2020, S. 509 ff.,14. August 2020

Linux Foundation. „Hyperledger Business Blockchain Technologies"; 20. Oktober 2018; https://www.hyperledger.org/projects

Maas, Roman/BTC-Echo (Hrsg.). „Thailands neues Krypto-Gesetz tritt in Kraft", 16. Mai 2018; https://www.btc-echo.de/thailands-neues-krypto-gesetz-tritt-in-kraft/

Marr, Bernard/LinkedIn (Hrsg.). „30+ Practical Uses Of Blockchain Technology You Should Know", o. O., 29. Mai 2018; https://www.linkedin.com/pulse/30-practical-uses-blockchain-technology-you-should-know-bernard-marr

Martini, Mario/Weinzierl, Quirin/Neue Zeitschrift für Verwaltungsrecht (Hrsg.). „Die Blockchain-Technologie und das Recht auf Vergessenwerden" in NVwZ Heft 17/2017, S. 1251 ff., 01. September 2017

Matuschek, Milosz/Neue Zürcher Zeitung (Hrsg.). „Blockchain – eine Technologie revolutioniert unser ganzes Denken" in NZZ, 02. Oktober 2017; https://www.nzz.ch/meinung/kommentare/new-kids-on-the-blockchain-ld.1319020

Milnes, Michael/LinkedIn (Hrsg.). „Blockchain: A Tech Trend for Business Lawyers in 2016", 15. Dezember 2015; https://www.linkedin.com/pulse/blockchain-tech-trend-business-lawyers-2016-michael-milnes

Morabito, Vincenzo. „Business Innovation Through Blockchain – The B3 Perspective", 2017

Nakamoto, Satoshi. „Bitcoin: A Peer-to-Peer Electronic Cash System", 2008; https://bitcoin.org/bitcoin.pdf

o. V./Finyear (Hrsg.). „Germany accounts for 6% of European blockchain funding", 24. November 2022; https://www.finyear.com/Germany-accounts-for-6-of-European-blockchain-funding_a48504.html

o. V./ Frankfurter Allgemeine Zeitung (Hrsg.). „Höchststrafe für den „Silk Road"-Gründer" in FAZ, 30. Mai 2015; http://www.faz.net/aktuell/gesellschaft/kriminalitaet/lebenslange-haft-hoechststrafe-fuer-den-silk-road-gruender-13620148.html

o. V./ Handelsblatt (Hrsg.). „Bitcoin-Technologie – „Fast alles kann damit digital verwaltet werden" – So nutzen Unternehmen die Blockchain" in Handelsblatt, 05. Juni 2018;

http://www.handelsblatt.com/video/unternehmen/bitcoin-technologie-fast-alles-kann-damit-digital-verwaltet-werden-so-nutzen-unternehmen-die-blockchain/22643202.html

o. V./ Vaterland (Hrsg.). „Liechtenstein plant Alleingang" in Vaterland, 21. Juni 2018; http://www.vaterland.li/liechtenstein/vermischtes/liechtenstein-plant-alleingang;art 171,335673

Paal, Boris P. / Pauly, Daniel A. (Hrsg.). „Beck'scheKompakt-Kommenare Datenschutz-Grundverordnung Bundesdatenschutzgesetz", 3. Auflage, München, 2021

Pongratz, Hans/Schlund, Albert/Das deutsche Steuerrecht (Hrsg.). „Distributed-Ledger-Technologie und Kryptowährungen – eine rechtliche Betrachtung" in DStR Heft 12/2018, S. 598 ff., 23. März 2018

Quaderer, Doris/Volksblatt (Hrsg.). „Blockchain wird das Leben ähnlich nachhaltig verändern wie das Internet" in Volksblatt, Liechtenstein, 29. Juni 2018; https://www.volksblatt.li/Nachricht.aspx?src=vb&id=205765

Rapier, Graham/Business Insider (Hrsg.). „From Yelp reviews to mango shipments: IBM's CEO on how blockchain will change the world", 21. Juni 2017; https://www.businessinsider.de/ibm-ceo-ginni-rometty-blockchain-transactions-internet-communications-2017-6?r=US&IR=T

Rinecker, Veronica/cointelegraph.com (Hrsg.). „Germany's 2021: New regulations, the digital euro and NFTs on the rise", 25. Januar 2022; https://cointelegraph.com/news/germany-s-2021-new-regulations-the-digital-euro-and-nfts-on-the-rise

Rueß, Sandra/Computerwoche (Hrsg.). „Bitcoin erklärt – So funktioniert Blockchain" in Computerwoche, 22. Februar 2018; https://www.computerwoche.de/a/so-funktioniert-blockchain,3331391

Säcker, Franz Jürgen/Rixecker, Roland/Oetker, Hartmut/Limperg, Bettina (Hrsg.). Münchener Kommentar zum BGB, 9. Auflage, München, 2021

Schiller, Kai/Blockchainwelt (Hrsg.). „Was sind Smart Contracts", 24. März 2018; https://blockchainwelt.de/smart-contracts-vertrag-blockchain/

Schrey, Joachim/Thomas, Thalhofer/Neue Juristische Wochenschrift (Hrsg.). „Rechtliche Aspekte der Blockchain" in NJW Heft 20/2017 S. 1431 ff., 11. Mai 2017

Sea Shepherd. „Deine Crypto – Spende"; https://sea-shepherd.de/crypto-donations/

Siedenbiedel, Christian/Frankfurter Allgemeine Zeitung (Hrsg.). „Bitcoins: Aufstieg und Fall einer seltsamen Währung" in FAZ, 15. März 2014; http://www.faz.net/aktuell/finanzen/devisen-rohstoffe/bitcoin-aufstieg-und-fall-einer-seltsamen-waehrung-12848847.html

Sixt, Elfriede. „Bitcoins und andere dezentrale Transaktionssysteme – Blockchains als Basis einer Kryptoökonomie", Wiesbaden, 2017

Statista. „Size of the Bitcoin blockchain from January 2009 to July 11, 2022"; https://www.statista.com/statistics/647523/worldwide-bitcoin-blockchain-size/

Stewart, Emily/vox.com (Hrsg.). „The spectacular ongoing implosion of crypto's biggest star, explained", 18. November 2022; https://www.vox.com/the-goods/23451761/ftx-sam-bankman-fried-bankrupt-binance-bitcoin-alameda

Streichert, Dennis. „Blockchain – Game Changer in der Logistik", Hamburg, 2018; https://www.blockchain-infos.de/blockchain-logistik/

Streichert, Dennis. „Vorteile und Nachteile der Blockchain-Technologie", Hamburg, 2018; https://www.blockchain-infos.de/vorteile-nachteile-blockchain/

Talin, Benjamin/MoreThanDigital (Hrsg.). „Blockchain – Möglichkeiten und Anwendungen der Technologie", 04. Juli 2018; https://morethandigital.info/blockchain-moeglichkeiten-und-anwendungen-der-technologie/

Tennessee Generalversammlung. „House Bill 1507", Tennessee (USA), 26. März 2018; http://www.capitol.tn.gov/Bills/110/Bill/HB1507.pdf

Wieduwilt, Hendrik/Frankfurter Allgemeine Zeitung (Hrsg.). „Problem für Zukunftstechnologie – Kinderpornographie in der Blockchain gefunden" in FAZ, Berlin, 23. März 2018; http://www.faz.net/aktuell/wirtschaft/diginomics/kinderpornographie-in-blockchain-gef unden-15507813.html

Wood, Gavin. „Ethereum – A Secure Decentralised Generalised Transaction Ledger", 2014; http://gavwood.com/paper.pdf

World Economic Forum. „Deep Shift – Technology Tipping Points and Societal Impact", September 2015; http://www3.weforum.org/docs/WEF_GAC15_Technological_Tipp ing_Points_report_2015.pdf

Printed in the United States
by Baker & Taylor Publisher Services